JN088005

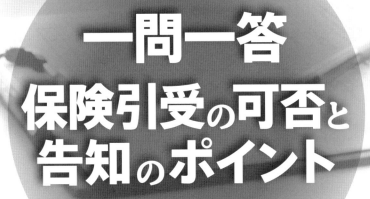

一問一答
保険引受の可否と
告知のポイント

保険販売に役立つ26の疾患への対応策

牧野 安博 [著]

YASUHIRO MAKINO, M.D., MBA
株式会社 ASSUME 代表取締役

近代セールス社

はじめに

　新型コロナウイルス感染症（COVID-19）が全世界をパンデミック
に落とし込んでいます。2020年はコロナ禍から始まったと言えるで
しょう。SARS と MERS のような急性重症呼吸器感染症が広がってい
ることが1月に分かり、WHO が2020年3月11日にパンデミック宣
言をしました。新型コロナウイルス感染症の発生源は中国の武漢です。
　感染拡大防止のために各都市でロックダウンが行われ、その結果とし
て世界経済が大打撃を受けています。完全収束するまでには、2年以上
の時間がかかる可能性があります。英国のジョンソン首相は、英国民の
6割が感染して「集団免疫」が完成するまで続いた後、いったん下火に
なると見ています。しかし、このウイルスは脅威を弱めつつ複数年にわ
たり再発を繰り返すと彼は予測しています。
　大手生命保険会社を含む一部の生命保険会社は、新型コロナウイルス
感染症により死亡・所定の高度障害状態になられた場合、災害死亡割増
特約等の災害死亡保険金・災害高度障害保険金を支払う対応を実施する
旨の声明を2020年4月に発表しました。損保ジャパン、東京海上日動
火災、あいおいニッセイ同和の大手損害保険会社3社も、特定感染症を
補償する商品の補償対象に新型コロナウイルス感染症（COVID-19）
を追加することが2020年4月24日にプレス発表されました。
　一般に肺炎などの急性呼吸器感染症は、合併症・後遺症を残さずに完
治していれば、完治後の生命保険加入には問題がありません。しかし病
態が不明な新興感染症の場合には、その引受査定基準を決めるのは困難
です。昔、世界有数の生命保険再保険会社の1つである RGA 本社を訪
問した際に、全世界に分散する RGA 支社の査定者に対して、瞬時に査
定基準を変更していたハロワティー先生にお会いしたことを思い出しま
す。電子化された引受基準を直ちに改訂したようです。査定医の腕の見

せ所です。

　本書では、日常の引受査定でよく出会う疾患について、生命保険や医療保険加入にあたって必要となる告知のポイントを執筆しました。医療水準の変化などにより引受査定も変化します。よって生命保険加入の可能性を約束するものではありませんが、少なくとも昔と比べて加入しやすくなった疾患もあります。たとえば、心房細動やＣ型慢性肝炎などが挙げられます。生命保険の加入にあたり、より正しく詳細に告知するために本書が募集人とお客さまのお役に立つことを心から祈っております。

　最後に、近代セールス社の編集者である大内幸夫氏に感謝の言葉を捧げます。ありがとうございました。

　2021 年 1 月

牧野 安博

一問一答 保険引受の可否と告知のポイント

目　　次

①アトピー性皮膚炎
せい ひ ふ えん
＝重症度や合併症の有無、治療内容などで加入の可否が変わる

> **Q** 25歳の男性です。「アトピー性皮膚炎」で近所のクリニックへ通院していますが、医療保険に加入できるでしょうか。

> **A** アトピー性皮膚炎の重症度、皮疹の範囲、合併症の有無や治療内容によって加入の可否が変わります。たとえば、気管支喘息や白内障などを合併することがあります。アトピー性皮膚炎の皮疹が顔面に及ぶと、白内障などの視力障害を懸念して眼の部位不担保などの特別条件が付加されます。
>
> 一般に皮膚疾患の重症度は、その皮疹の出現している表皮の範囲に比例すると考えられます。アトピー性皮膚炎の皮疹の範囲を明確に示すことが告知では特に重要です。また、治療に使われる同じ薬剤であっても、外用薬と内服薬では作用機序[*1]（さ よう き じょ）が違うため注意が必要です。
>
> アトピー性皮膚炎の薬物療法の基本は、ステロイド薬の外用と抗ヒスタミン薬・抗アレルギー薬の内服です。また免疫抑制剤のタクロリムス外用薬の使用も普及しています。

[告知のポイント]

1．症状出現部位（顔面、体幹、四肢の別を図示する）

2．治療内容と治療期間（薬剤名含む）

3．再発、合併症、後遺症の有無

4．医療機関名

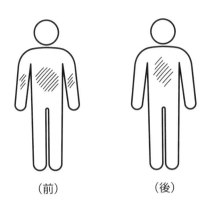

（前）　　　　　　（後）

[解　説]

　皮膚科疾患は生命に影響しないと思われていますが、実は内臓疾患が原因で皮膚に症状が現れていることも多くあります。古来、「皮膚は内臓の鏡」といわれているのもこのことからです。悪性腫瘍、糖尿病、肝臓疾患、腎臓疾患や妊娠などが皮膚の変化を起こします。つまり、体内環境の異常が皮膚に反映されているわけです。

　たとえば、皮膚筋炎の 30％に胃がんや肺がんなどの悪性腫瘍が合併します。全身疾患に関連した皮膚病変のことを「デルマドローム（dermadrome）」といいます。皮膚科専門医は、皮膚疾患から内臓の病気を見つけることができます。デルマドロームの例を次表に示します。

●デルマドロームの疾患例●

皮膚疾患名	内臓疾患その他
皮膚筋炎	肺がん、胃がん
Bazex 症候群	喉咽頭がん、食道がん、上気道扁平上皮がん
黒色表皮腫	胃腺がん、腎がん
Leser-Trelat 兆候	胃腺がん
Sweet 病	白血病、骨髄異形成症候群
腫瘍随伴性天疱瘡^{しゅようずいはんせいてんぽうそう}＊2	悪性リンパ腫、キャッスルマン病

後天性魚鱗癬*3	悪性リンパ腫
壊死性遊走性紅斑*4	グルカゴノーマ
環状紅斑	シェーグレン症候群
後天性毳毛性多毛症*5	肺がん、消化器がん
壊疽性膿皮症*6	潰瘍性大腸炎、クローン病、大動脈炎症候群
汎発性帯状疱疹*7	HIV 感染症、免疫不全、悪性腫瘍
浮腫性硬化症*8	糖尿病

　自己免疫疾患である膠原病*9 も皮膚症状を呈します。特に膠原病の代表的疾患である全身性エリテマトーデス（SLE）では、顔面の蝶形紅斑*10 や円板状紅斑などが見られます。その他に全身のさまざまな臓器に炎症を起こします。関節痛、心外膜炎、胸膜炎、ループス腎炎、中枢神経ループス、貧血、白血球減少、血小板減少などがあります。同じ膠原病であっても、内臓疾患を合併している場合には、重症度は重度で予後が悪いと考えられます。

　一方、いわゆる、いぼ（尋常性疣贅*11）、たこ（胼胝*12）、うおのめ（鶏眼*13）、しろなまず（尋常性白斑）など、一般に無視してもよい皮膚疾患もあるのは事実です。

●疾患概念・原因

　日本皮膚科学会によると、アトピー性皮膚炎とは、「増悪・寛解を繰り返す掻痒*14 のある湿疹を主病変とする疾患であり、患者の多くはアトピー性素因を持つ」病態です。このアトピー性素因とは次の２つをいいます。

　①気管支喘息、アレルギー性鼻炎、アレルギー性結膜炎、アトピー性皮膚炎などの家族歴・既往歴がある。

② IgE 抗体を産生しやすい体質である。

●アトピー性皮膚炎の発症メカニズム●

健康な皮膚

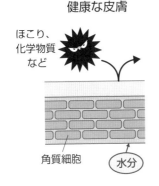

ほこり、化学物質など

角質細胞

水分

アトピー性皮膚炎

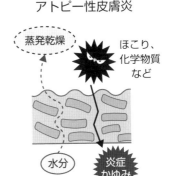

蒸発乾燥

ほこり、化学物質など

水分

炎症かゆみ

●疫学・症状・経過

すなわちアトピー性皮膚炎は、気管支喘息、アレルギー性鼻炎、アレルギー性結膜炎と基本的な発症メカニズムが共通しているということです。したがって、これらの疾患はそれぞれ合併しやすいということになります。

フィラグリン遺伝子変異などにより、アトピー性皮膚炎は先天的に皮膚のバリア機能が低下し、IgE を産生しやすい素因（アトピー素因）を基盤として起こります。慢性、再発性の搔痒感を伴う湿疹が特徴です。フィラグリンは角化に必要な蛋白質で、この遺伝子は尋常性魚鱗癬[*15]の原因遺伝子ですが、日本人のアトピー性皮膚炎の約３割にフィラグリン遺伝子変異が見られます。

アトピー性皮膚炎の発症率は 10％強です。乳児から成人まで経過を見ると、小児の 20％でアトピー性皮膚炎は消失します。アトピー性皮膚炎の多くは乳幼児期に発症し、顔面に初発、次第に体幹に広がり湿潤します。小児期になると皮膚全体が乾燥して、肘窩[*16]、腋窩[*17]などの四肢屈側が苔癬化[*18]します。冬から春に悪化し、寛解と増悪を繰り返

します。近年は成人期に発症する症例が増えています。気管支喘息、アレルギー性鼻炎、アレルギー性結膜炎を合併する傾向にあります。

　その他のアトピー性皮膚炎の合併症としては、単純性ヘルペスウイルスによるカポジ水痘様発疹症（すいとうようほっしんしょう）*19、黄色ぶどう球菌や溶連菌による伝染性膿痂疹（とびひ）、ポックスウイルスによる伝染性軟属腫（なんぞくしゅ）などの頻度が高いです。

　またアトピー性皮膚炎の眼合併症として白内障や網膜剥離を起こすこともあります。それゆえ、医療保険の加入で眼の部位不担保の特別条件となります。

●検査・診断

　アトピー性皮膚炎の皮疹は、体の左右に対称に発症します。皮膚のバリア機能低下と乾燥により、鳥肌立ったような毛孔性角化（もうこうせいかくか）*20、下肢の魚鱗癬様変化（ぎょりんせんようへんか）*21、肘窩と腋窩などの四肢屈側の苔癬化、白色皮膚描記症（はくしょくひふびょうき）*22 を来します。自覚的には強い掻痒感が見られます。血液検査でIgE 増加、好酸球増多が見られるとアトピー性皮膚炎と診断します。

●治療・予後

　治療は、乾燥した皮膚のスキンケアをします。湿疹の強い部位にはステロイド剤および免疫抑制剤の外用薬を用います。掻痒には抗ヒスタミン薬の内服をします。成人の重症例ではシクロスポリンの内服投与を行うこともあります。

　　■アトピー性皮膚炎・用語解説■

*1：作用機序（さようきじょ）
　薬理学における作用機序とは、薬剤がその薬理学的効果を発揮するため

の特異的な生化学的相互作用を意味します。

*2：腫瘍随伴性天疱瘡（しゅようずいはんせいてんぽうそう）
　腫瘍随伴性天疱瘡とは、悪性または良性の新生物（主にリンパ球系増殖性疾患）に伴い、口腔を中心に広範囲の粘膜部にびらんを生じ、赤色口唇に特徴的な血痂を伴う疾患です。皮膚症状は、弛緩性水疱、緊満性水疱、浮腫性紅斑、紫斑など多彩になり得る。デスモグレインとプラキン分子に対する IgG 自己抗体をもつ自己免疫性皮膚疾患で、液性免疫だけでなく、細胞性免疫による粘膜上皮、皮膚への傷害が特徴的です。

*3：後天性魚鱗癬（こうてんせいぎょりんせん）
　魚鱗癬（ichthyosis）は、魚の鱗のように皮膚の表面が乾燥して硬くなり、剥がれ落ちる病気です。先天性魚鱗癬（congenital ichthyosis）、魚鱗癬症候群（ichthyotic syndrome）と後天性魚鱗癬（acquired ich-thyosis）があります。後天性魚鱗癬は、悪性リンパ腫、甲状腺機能低下症、HIV 感染症や薬剤（ニコチン酸、トリパラノール、ブチロフェノン）を原因として起こります。乾燥した鱗屑が微細で体幹と下肢に限局する場合と、厚く広範囲に広がる場合があります。

*4：壊死性遊走性紅斑（えしせいゆうそうせいこうはん）
　壊死性遊走性紅斑は、グルカゴノーマ（グルカゴン産生膵内分泌腫瘍）に伴う皮膚症状として従来知られていましたが、消化管術後、アルコール多飲、慢性膵炎、糖尿病、摂食障害、肝硬変などの消化吸収障害（低栄養状態や肝疾患による症例報告もあります。原因は不明ですが、表皮の蛋白合成障害が原因という説があります。

*5：後天性毳毛性多毛症（こうてんせいぜいもうせいたもうしょう）
　後天性毳毛性多毛症とは、通常、内臓腫瘍に伴って起こる腫瘍随伴症候群の１つです。これまで目立たなかった毛包に、外皮の大部分を覆う細かい綿毛状やうぶ毛状の毛を生じます。後天性毳毛性多毛症は、腫瘍の診断に数年先行して見られます。 毳毛とは、一般にうぶ毛と呼んでいる軟毛

であり、胎生期に一次毛包から発生した一次毛を指します。

＊6：壊疽性膿皮症（えそせいのうひしょう）
　壊疽性膿皮症は、慢性かつ進行性に好中球性の皮膚壊死が生じる病態で、病因は不明です。血管炎、γ‐グロブリン血症、白血病、リンパ腫、C型肝炎ウイルス感染症、SLE、サルコイドーシス、多関節炎、ベーチェット病、化膿性汗腺炎のほか、特に炎症性腸疾患などの様々な全身性疾患に合併することがあります。免疫応答の異常が関与すると考えられています。

＊7：汎発性帯状疱疹（はんぱつせいたいじょうほうしん）
　汎発性帯状疱疹とは、通常の帯状疱疹の皮膚病変に加えて、ウイルス感染リンパ球血症を併発し、全身に水痘様の小水疱が発生する病態です。ウイルス感染リンパ球血症は、皮膚の水痘帯状疱疹ウイルス（HZV が血管内皮細胞内で増殖することで起こります。免疫不全状態の高齢者、免疫抑制剤の使用者や悪性腫瘍患者に発症します。2つ以上の神経支配領域に同時に帯状疱疹が発症したものを汎発性帯状疱疹または複発性帯状疱疹と呼びます。

＊8：浮腫性硬化症（ふしゅせいこうかしょう）
　糖尿病や感染症などをきっかけとして引き起こされる皮膚変化で、成人性浮腫性硬化症ともいう。顔面、頸部、肩、上背部の皮膚に硬化が生じ、上肢や体幹にまで及びます。

＊9：膠原病（こうげんびょう）
　膠原病とは、人体の細胞を支えている膠原線維に同じ病変が見られる病気の総称です。原因としては体内の血液中の抗体が自己の細胞の核などと反応して、免疫複合体を作り組織に沈着し、全身の関節・血管・内臓などを攻撃することで発病すると考えられています。典型的な症状として、発熱・倦怠感・関節痛・レイノー現象などがあり、慢性に経過し寛解と再燃を繰り返しながら進行します。

＊10：蝶形紅斑（ちょうけいこうはん）
　全身性エリテマトーデス（systemic lupus erythematosus；SLE）の患者に特徴的に見られる顔面の皮疹。

＊11：尋常性疣贅（じんじょうせいゆうぜい）
　ヒトパピローマウイルス（HPV）が原因で起こるいわゆる「いぼ」で、皮膚の良性腫瘍です。ふつう手足に多く見られ、腕頭大までの結節を生じ、徐々に増大し融合します。

＊12：胼胝（べんち）
　いわゆる「たこ」のことです。反復する物理的刺激により、皮膚の角質が増殖して肥厚し、丘状扁平に隆起したものです。

＊13：鶏眼（けいがん）
　「うおのめ」のことです。角質層が真皮に向かって楔状に突起したもので痛みを伴います。

＊14：掻痒（そうよう）
　かゆみのことです。皮膚にかゆみだけが起こり、発赤や湿疹のないものを皮膚掻痒症といいます。特に高齢者で起こるものを老人性皮膚掻痒症と呼びます。50歳以上の男性に多く発症します。

＊15：尋常性魚鱗癬（じんじょうせいぎょりんせん）
　魚鱗癬（ichthyosis）とは、全身の皮膚が乾燥して、皮膚が鱗状になったり、フケが剥がれ落ちたりする病態をいいます。魚鱗性には先天性（遺伝性魚鱗癬）のものもあれば、病気や薬によって生後に発症する後天性魚鱗癬もあります。さまざまな遺伝子変異が原因で、皮膚の一番表面にある表皮細胞に異常が生じ、各層が顕著に肥厚します。最も頻度が高い魚鱗癬である尋常性魚鱗癬（ichthyosis vulgaris）は、常染色体優性遺伝でフィラグリン遺伝子変異により発症します。

＊16：肘窩（ちゅうか）

　肘の反対側、腕の内側にある浅いくぼみのことです。肘は、肘頭と呼びます。

＊17：腋窩（えきか）

　脇の下のくぼんだところです。乳がんでは、腋窩のリンパ節が腫脹することがあります。

＊18：苔癬化（たいせんか）

　苔癬化とは、表皮の肥厚を伴う皮溝と皮丘の形成（皮膚紋理）がくっきりと認められる状態で、象の皮膚のように固くザラザラした状態になることです。成人期のアトピー性皮膚炎で見られます。

＊19：カポジ水痘様発疹症（かぽじすいとうようほっしんしょう）

　カポジ水痘様発疹症は、主にアトピー性皮膚炎などの基礎疾患を持つ患者に生じる播種性の単純ヘルペスウイルス（HSV-1）皮膚感染症です。フィラグリン遺伝子変異の発現が高いアトピー性皮膚炎患者では、皮膚バリア機能の低下から HSV に対する感受性が高いことが原因と考えられています。

＊20：毛孔性角化（もうこうせいかくか）

　毛根を包む組織である毛包に過度に角化した発疹が起こることです。

＊21：魚鱗癬様変化（ぎょりんせんようへんか）

　皮膚の状態がさめはだ様に変化することです。ステロイド軟膏の外用や全身投与で見られることがあります。

＊22：白色皮膚描記症（はくしょくひふびょうきしょう）

　皮膚表面を先の丸い棒でこすると皮膚が白くなることです。これは皮膚表面の血管の異常反応によるもので、蕁麻疹の診断に用いられます。

②眼底出血
＝視力障害がなければ生保の加入に問題は生じない

Q 55歳の男性です。3年前に右眼の「眼底出血」を起こしました。手術をする必要はなく、保存的治療で眼球内の血液が引くのを待ちました。糖尿病などの基礎疾患はありません。現在の視力は左右眼とも1.0で正常です。生命保険の加入に何か問題があるでしょうか。

A 加齢による眼底出血と考えられます。経過年数と視力が正常であることから、生命保険への加入には問題はないと思います。可能であれば、眼科専門医の診断書を取り寄せるとよいでしょう。黄斑部*1 に生じた眼底出血では、視力障害を起こすことがあります。この場合は視力にもよりますが、生命保険は特定障害不担保（眼）の特別条件、医療保険は眼の部位不担保の特別条件が付帯される可能性があります。

[告知のポイント]

1. 正当診断名（分かれば原因疾患名）
2. 出血のある部位（視神経乳頭*2、黄斑部、周辺部）と大きさ
3. 視力、視野、眼圧等の検査結果
4. 入院・手術の有無と手技
5. 医療機関名

［解　説］

●疾患概念・原因

　眼底出血とは、網膜表面の血管の破綻や閉塞することで起こる網膜の出血で、網膜出血や硝子体※3出血など、網膜から硝子体に見られる出血を指します。原因として、糖尿病網膜症、高血圧性眼底、網膜中心静脈閉塞症、加齢黄斑変性、網膜裂孔、裂孔原性網膜剥離※4、ぶどう膜炎、後部硝子体剥離、動脈硬化、貧血、白血病、腎臓病、外傷性など多岐にわたります。

　加齢により硝子体が液状化し、網膜から浮き上がるのが後部硝子体剥離です。この際に網膜と硝子体の間に癒着があると、硝子体が網膜を引っ張り、網膜中心静脈が切れて出血を起こすことがあります。これが加齢による眼底出血です。

　眼底検査をすると、点状、斑状、刷毛状の網膜出血が見られます。周辺部の小さな眼底出血では自覚症状はありません。中心部に出血すると、視力低下、視野の霞、飛蚊症※5、歪視症※6などが起こります。また、墨汁を流したような血液の影を見ることもあります。

　視覚障害は、視力障害、視野障害と色覚異常に分類されます。生命保険会社の普通保険約款に規定しているのは、視覚障害ではなく視力障害であることに注意が必要です。たとえば、緑内障で視野欠損や視野狭窄が起きたとしても、これらは視野障害であって視力障害ではありません。

　視野とは、一点に視線を固定したままの状態で見ることのできる範囲のことをいいます。人間の視野は片眼で約 160 度程度、両眼だと 200 度くらいといわれています。ライオンなどの肉食動物は獲物を狙うために眼が頭の前にあるため狭く、ウマなどの草食動物では肉食動物から逃げやすいよう眼が頭の横にあり広範囲です。この視野が欠損や狭窄するのが視野障害です。人間ドックでは「ゴールドマン視野計」を用いて測

定します。

　したがって、視野欠損や視野狭窄により視野が陰っていても、視力（中心視力）が落ちて矯正視力が 0.02 以下にならない限り、高度障害には該当しません。よって視野障害を起こす緑内障では、中心視力が落ちてくるのは病気がかなり進行してからなので、高度障害となる可能性は意外と高くないのかもしれません。これに対して網膜の黄斑部が障害される加齢黄斑変性症では、中心視力が先に低下します。

　眼底出血の原因として一番多いのは糖尿病網膜症です。糖尿病網膜症を発症した人の保険加入はとても困難です。眼底出血の原因として、糖尿病網膜症に続くのが「網膜静脈閉塞症」です。この疾患については次に説明します。

●眼底出血と硝子体出血●

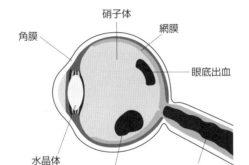

<＜網膜静脈閉塞症＞>

●疾患概念・原因

　網膜には４本の動脈が視神経乳頭から周辺部へ向けて走っています。これに平行して４本の静脈が周辺部から視神経乳頭へ逆行しています。網膜の血管の動脈硬化が進行すると、網膜動脈と網膜静脈の交叉部において、静脈が動脈により圧迫されてせき止められます。

　その結果、交叉部より末梢で破綻出血が起こります。一般に症状は、

閉塞部位が視神経乳頭に近いほど重いです。逆に、網膜周辺部の静脈が詰まって出血が狭い範囲に限られていれば、眼底出血に全く気づかないこともあります。

　眼底出血の原因となる網膜静脈閉塞症（retinal vein occlusion；RVO）は、次の2つに分類されます。

①網膜静脈分枝閉塞症（branch retinal vein occlusion；BRVO）

・網膜動静脈交差部で網膜静脈の分枝が閉塞することで眼底出血が起こる

・閉塞静脈よりも遠位側に出血が広がる

・血圧の高い高齢者に多い

②網膜中心静脈閉塞症（central retinal vein occlusion；CRVO）

・視神経乳頭内で網膜中心静脈本幹が閉塞することで眼底出血が起こる

・網膜の全域あるいは大部分に出血が広がる

・黄斑浮腫[*7]を合併した場合に視力低下が認められる

・しばしば血管新生緑内障を合併する

・比較的若年者に多い

　枝分かれしている網膜静脈は、視神経乳頭内で1本に合流した網膜中心静脈となり、網目のような膜である篩状板を通過して、眼球の外へと出ていきます。網膜中心静脈は、網膜中心動脈と接していることから動脈硬化の影響を受けます。血圧の急激な変動や血管炎などが網膜中心静脈閉塞症の引き金となります。

　網膜中心静脈閉塞症による眼底出血を起こした人は、その後に脳血栓を起こす危険があり注意が必要です。その他、網膜中心静脈閉塞症慢性期には硝子体出血、血管新生緑内障と網膜剥離などの合併症を起こすこともあり、十分な期間の経過観察が必要です。

●治療・予後

網膜静脈閉塞症の治療は、レーザー光凝固術、抗VEGF抗体の眼内注射、トリアムシノロンのテノン嚢下注射、硝子体手術が行われます。抗VEGF抗体は、血管内皮増殖因子に対する抗体で、血管新生を止める働きがあります。トリアムシノロンは、副腎皮質ステロイドの一種で黄斑浮腫を改善します。黄斑浮腫は、黄斑部に起きた網膜浮腫で視力障害の原因となります。

■眼底出血・用語解説■

*1：黄斑部（おうはんぶ）

黄斑部は、網膜の中心部で、視覚細胞の錐体細胞が多く、実際に物を見ているところです。黄斑部に異常を来すと、変視症、歪視症、小視症、中止暗点などの症状が現れ、視力低下を起こし日常生活動作に大きく影響します。

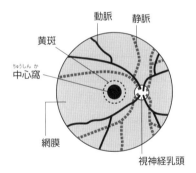

*2：視神経乳頭（ししんけいにゅうとう）

視神経乳頭とは、眼の奥にある視神経の眼球からの出口をいいます。緑内障などにより眼圧が高いと視神経乳頭が陥凹（かんおう）することがあります。

*3：硝子体（しょうしたい）

硝子体とは、水晶体の後ろから網膜に達するまでの空間を占める無色透明でゼリー状の組織です。

＊4：裂孔原性網膜剥離（れっこうげんせいもうまくはくり）

　網膜が眼球の壁から剥がれる病気を網膜剥離といいます。網膜に破れ目（網膜裂孔_{もうまくれっこう}）ができ、そこから周囲の網膜が剥がれてくる網膜剥離が裂孔原性網膜剥離です。網膜裂孔が生じると、目の中の水分が裂孔を通って網膜の下に入り込むことで網膜剥離が発生します。網膜剥離は、20代と50代の人に多いといわれています。

＊5：飛蚊症（ひぶんしょう）

　飛蚊症とは、青空や白い壁などを見るとき、目の前を小さな虫か糸くずのような黒い影が動くように感じる症状。蚊が飛ぶように見えることから、こう呼ばれます。加齢による後部硝子体剥離、離水、硝子体出血、ぶどう膜炎などが原因です。

＊6：歪視症（わいししょう）

　歪視症とは、物が歪んで見える状態のことです。

＊7：黄斑浮腫（おうはんふしゅ）

　黄斑浮腫とは、黄斑部がむくんでいる状態です。網膜の血管からの出血や瘤により血管から漿液が染み出して網膜のむくみ（浮腫が起こります。原因としては、糖尿病網膜症、網膜静脈閉塞症からの眼底出血、ぶどう膜炎などがあります。症状としては、霞視症、歪視症、中心暗転などがあります。

③ドルーゼン
＝特定障害不担保（眼）の特別条件が付帯される可能性も

Q 50歳の男性です。人間ドックの眼底検査で「ドルーゼン」の指摘を受けました。生命保険や医療保険の加入に問題があるでしょうか。

A ドルーゼンは、加齢により網膜に溜まった老廃物です。黄斑部に生じたドルーゼンは視力障害を起こす可能性があります。近年、加齢黄斑変性の前駆症状として注目を集めています。視力にもよりますが、生命保険は特定障害不担保（眼）の特別条件、医療保険は眼の部位不担保の特別条件が付帯される可能性があります。一度、眼科専門医の診断を受け、主治医の診断書を添付して保険加入するのがよいでしょう。

[告知のポイント]
1．正当診断名（確定診断されているのであれば）
2．ドルーゼンのある部位（視神経乳頭、黄斑部）と大きさ
3．視力、視野、眼圧等の検査結果
4．治療内容
5．医療機関名

[解　説]
●疾患概念・原因
　ドルーゼン（drusen）とは、加齢により網膜に溜まった老廃物のこ

とで、加齢黄斑変性症の前駆病変と考えられています。ドルーゼンは黄白色の白斑として見られ、大きさはさまざまです。特に黄斑部のドルーゼンが問題視されます。視神経乳頭近傍にできたものを視神経乳頭ドルーゼンと呼びます。

　ドルーゼンは50歳以上の健常者の約10％に見られ、遺伝的素因も影響すると考えられています。ドルーゼンにも硬性ドルーゼン、軟性ドルーゼン、網状偽ドルーゼンなどの種類があり、加齢黄斑変性症の前駆病変として経過観察が求められるのは、軟性ドルーゼンと網状偽ドルーゼンです。

●検査・診断

　光干渉断層計トプコン社製3D-OCTのドルーゼン解析ソフトを使うことで、加齢黄斑変性症の潜在的なリスクを測定します。3D-OCT（optical coherence tomography）とは、3次元光干渉断層計の略称で、光の干渉現象を生体計測に用いることによって、生体の深さ方向の詳細な情報を取得することができる眼底像撮影装置です。これにより、視神経乳頭周囲網膜神経線維層や黄斑部網膜内層を解析することができます。網膜神経線維層（RNFL）欠損を見つけることにより緑内障の早期発見にも役立っています。

　先述のように、近年ドルーゼンは加齢黄斑変性の前駆症状として注目されています。これには軟性ドルーゼンと網膜色素上皮異常があります。加齢黄斑変性の進展リスクの評価には、ドルーゼンの大きさが重要です。直径63μm未満の場合は正常な加齢変化であり、後期加齢黄斑変性に進展するリスクはほとんどないことが分かっています。

　次に「加齢黄斑変性症」について説明します。

＜加齢黄斑変性症＞

●疾患概念・原因

　体の老化に伴い目も老化します。加齢黄斑変性症とは、年齢を重ねるとともに網膜の中心部にある「黄斑」に障害が生じ、見ようとするところが見えにくくなる病気です。黄斑は、眼の網膜の中心部にあり、視細胞が集中する最も重要な部分です。モノを見たり、色の判別を行ったりする働きがあります。

●眼球の仕組みと黄斑●

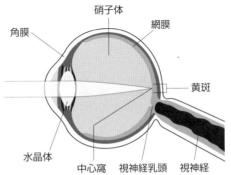

硝子体　網膜　角膜　黄斑　水晶体　中心窩　視神経乳頭　視神経

●疫学・症状・経過

　加齢黄斑変性症は、年齢が高いほど有病率も上がり、男性は女性の３倍発症しやすく、わが国では失明原因の４位を占めています。これまで治療法はなかったのですが、最近は新しい治療法が開発されつつあります。

　年齢を重ねると、網膜色素上皮の下に老廃物が蓄積されるようになり、これによって黄斑部に障害が起こります。また、網膜の外側には栄養血管に富んだ脈絡膜が外周を包み込むようにあり、黄斑変性はこの脈絡膜からの異常な新生血管が原因で生じる「滲出型」と、黄斑自体が変性してくる「萎縮型（非滲出型）」に分けられます。

　これらは、次のようなものです。

①滲出型加齢黄斑変性（ウエット型）

網膜色素上皮の細胞内にある老廃物を吸収するため、網膜の外側にある脈絡膜から血管新生することで起こる黄斑変性です。この新生血管は脆弱なため破れて出血を起こすか、滲出液が組織に貯留して網膜を押し上げます。病気の進行が早く、50歳以上の1.2％が発症するといわれています。

②萎縮型加齢黄斑変性（ドライ型）

網膜の細胞が加齢により変性し、老廃物が貯留することで栄養不足から網膜色素上皮が萎縮することで起こる黄斑変性です。進行はゆっくりで、50歳以上の0.1％が発症するといわれています。

初期の症状は網膜のゆがみから、モノを見るときに中心部が歪んで見えます。さらに黄斑部の網膜が障害されると、視野の真ん中が見えなくなり（中心暗点）、徐々に視力が低下します。進行すれば黄斑に出血を起こし網膜剥離のため広範囲の視力・視野の障害を生じます。

● 検査・診断

加齢黄斑変性症の検査法としては、「アムスラー検査」を実施します。次の碁盤の目（方眼紙）のような図を見て、格子のゆがみを調べる検査です。変視症を早い段階で検出可能です。片眼ずつ検査します。

● アムスラー検査 ●

正常な見え方　　　　　　加齢黄斑変性症の見え方

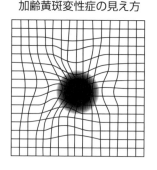

症例の大部分を占めるのが滲出型（ウエット型）です。滲出型加齢黄斑変性症は、急激な視力低下を起こし失明の原因となります。各種治療法はありますが、一度失った視力を回復するのは難しいので、早期発見が肝心です。萎縮型と比べると、滲出型の方が早く進行し、視力悪化も重症なことが多いです。一方、萎縮型（ドライ型）は、治療法はまだありませんが（臨床試験段階）、老化現象のため進行が穏やかで視力低下も軽度であることが多いです。

ドルーゼンは、加齢黄斑変性の前駆症状として注目されています。加齢黄斑変性の前駆病変としては、軟性ドルーゼンと網膜色素上皮異常があります。そこで、次のような「加齢黄斑変性（AMD）の臨床分類」が提唱されています。

●加齢黄斑変性の臨床分類基準●

加齢黄斑変性分類	定義（中心窩から2乳頭径以内の病変を評価する）
明らかな加齢変化なし	ドルーゼンなし　かつ　加齢黄斑変性色素異常なし
正常な加齢変化あり	小サイズドルーゼンあり　かつ　加齢黄斑変性色素異常なし
初期加齢黄斑変性	中サイズドルーゼンあり　かつ　加齢黄斑変性色素異常なし
中期加齢黄斑変性	大サイズドルーゼンあり または 加齢黄斑変性色素異常あり
後期加齢黄斑変性	滲出型加齢黄斑変性 または 何らかの地図状萎縮あり

出典：Ferris FL 3rd et al. Ophthalmology 2013；120：844-85

加齢黄斑変性色素異常とは、他の疾患に起因するものではない、中サイズあるいは大サイズのドルーゼンを伴う色素沈着あるいは色素脱出をいいます。ドルーゼンのサイズは次表のように分類されています。

●ドルーゼンのサイズ●

ドルーゼンのサイズ	直径
小サイズ	63μm 未満
中サイズ	63〜125μm
大サイズ	125μm 超

●治療・予後

　残念ながら、加齢黄斑変性症で失った視力を完全に回復させ、後遺症を含め完治させる治療法は現在のところありません。ただし、治療で進行を止め、治療時点での視機能を保つことができます。まれに視力が回復する人もいます。

　治療内容は、新生血管が中心窩に達しているか否か等、進行の度合いによって異なります。治療法には、薬物治療、レーザー治療、放射線療法の3つがあります。

　滲出型加齢黄斑変性の薬物療法では、抗VEGF剤の硝子体内注射が行われます。体内には脈絡膜新生血管の成長を活性化する血管内皮増殖因子（vascular endothelial growth factor；VEGF）があり、この働きを阻害する抗VEGF剤を注射します。抗VEGF剤には、マクジェン、ルセンティス、アバスチンなどがあります。

　もう一つの治療法は、光線力学療法で、ビスダインを点滴し、その後レーザーを網膜に照射して血管新生を抑える治療法です。

　一般的な治療法は「レーザー光凝固術」で、レーザーで新生血管を直接凝固するものです。しかし、かえって網膜を傷つけ視力が低下することもあり、治療法は確立されていないのが現状です。

　厚生労働省の厚生科学審議会・科学技術部会の専門家らで作る「ヒト幹細胞臨床研究に関する審査委員会」は2013年6月26日、理化学研究所が申請していたiPS細胞を用いた加齢黄斑変性症の臨床研究計画

を承認しました。iPS 細胞の臨床応用では世界初となります。早ければ来年夏にも、iPS 細胞由来の細胞組織を患者へ移植する手術が行われる可能性が出てきました。

「滲出型加齢黄斑変性に対する自家 iPS 細胞由来網膜色素上皮（RPE）シート移植に関する臨床研究」における第一症例目の移植手術が、2014 年 9 月 12 日に神戸市の先端医療センター病院にて実施されました。1 年間の経過観察により安全性が確認されました。

（参考）視覚障害者手帳交付の原因疾患

1 位	緑内障
2 位	糖尿病網膜症
3 位	網膜色素変性
4 位	黄斑変性
5 位	脈絡網膜萎縮

出典：若生里奈 . ほか「日本における視覚障害の原因と症状」日眼会誌 118：495-501, 2014

④甲状腺腫大
こう じょう せん しゅ だい

＝甲状腺結節の場合は良性か悪性かで加入の可否が決まる

Q 25歳の女性です。定期健康診断で「甲状腺腫大」と指摘されました。医療保険とがん保険に加入できるでしょうか。

A 女性に多い病気の一つに甲状腺疾患があります。「甲状腺が腫れている」といわれたとき、どのように腫大しているかを告知することが重要です。

甲状腺全体が腫れている、これを「びまん性甲状腺腫」といいます。びまん性甲状腺腫は、甲状腺機能障害でもよく見られる症状です。一方、甲状腺の一部が膨らんでいるものを「甲状腺結節」といいます。こちらは、甲状腺の腫瘍を疑うことになります。つまり、その結節が良性腫瘍なのか悪性腫瘍なのかにより、保険加入に大きく影響します。

その甲状腺結節が頸部超音波検査などで良性の甲状腺嚢胞[*1]と診断されたのなら、生命保険への加入に問題はありません。しかし悪性腫瘍なら、切除手術を受けて数年経過するまでは生命保険には加入できません。もちろんがん保険への加入もできないでしょう。

次に、甲状腺の機能障害の有無が重要です。甲状腺機能障害には、甲状腺機能亢進症と甲状腺機能低下症があります。一般に若年女性に多いのは、甲状腺機能亢進症で、「バセドウ病」ともいいます。橋本病では甲状腺機能低下症が起こります。更年期の女性では、加齢からの甲状腺機能低下症が起こります。

[告知のポイント]

1. 正式病名

2. 症状の詳細

3. 治療法と手術の有無（甲状腺全摘術、甲状腺亜全摘術）

4. 甲状腺ホルモン値などの推移（FT3、FT4、TSH）

5. 腫瘍の切除術後であれば病理組織診断名

6. 処方されている薬剤名（メルカゾール、チラージンなど）

7. 医療機関名（甲状腺専門医療機関名）

[解　説]

●疾患概念・原因

　甲状腺の疾患は、一般内科受診者の約13％程度に見られ、特に20〜40歳代の女性に多く発症します。様々な症状があるため自律神経失調症、うつ病、心臓病、腎臓病、糖尿病、高血圧などの病気と間違われることもあります。一般の健康診断では、甲状腺機能亢進症は1.2〜2.0％、甲状腺機能低下症は4.2〜5.2％認められます。

　バセドウ病（男女比20％：80％）や橋本病（男女比6％：94％）は、それぞれ甲状腺に対する自己抗体が原因の自己免疫疾患の一つです。一般的に自己免疫疾患は女性に多いといわれています。女性に甲状腺の病気が多い理由については、まだ十分には解明されていません。バセドウ病や橋本病は、自己免疫が関係して起こる病気といわれています。そして女性に自己免疫疾患が多いことから、甲状腺の疾患が女性に多いと一般的に考えられています。

　このように甲状腺の疾患には、甲状腺の機能障害（亢進症または低下症）を示すものが多いですが、その他には甲状腺の腫瘍（良性と悪性）があります。人口の5〜7％の甲状腺に結節性病変があり、剖検例では約50％に甲状腺腫瘍*2 が認められます。

甲状腺は首の前で喉仏の下すなわち甲状軟骨直下にあり、重さが16
〜 20g、大きさが縦 4.5cm、横 4 cm、厚さ 1 cm 内分泌腺臓器です。
甲状腺は、峡部により連結された 2 つの葉つまり右葉と左葉からなり、
正面から見ると蝶の形に似ています。峡部から上方に伸びる錐体葉[*3]
が存在することがあります。通常右葉の方が左葉よりも少し大きいで
す。

●甲状腺の位置●

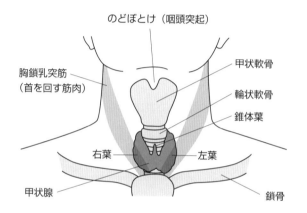

のどぼとけ（咽頭突起）

胸鎖乳突筋
（首を回す筋肉）

甲状軟骨

輪状軟骨

錐体葉

右葉　　　　　左葉

甲状腺

鎖骨

●検査・診断

　超音波断層検査において、甲状腺の大きさは上下長が 5 cm まで、前
後厚は 1.5cm まで、峡部厚は 4 mm までが正常とされています。両葉
とも総頸動脈と総頸静脈に接しています。甲状腺の近傍を走行する迷走
神経や反回神経は超音波検査では観察不可能ですが、甲状腺疾患が原因
でこれらの神経が障害されることもあります。甲状腺は、体の新陳代謝
を促す甲状腺ホルモン（T_3、T_4）を造るのが甲状腺の唯一の機能です。
　・甲状腺ホルモンとその産生
　甲状腺ホルモンには、テトラヨードサイロニン（サイロキシン、T_4）
とトリヨードサイロニン（T_3）の 2 種類があり、濾胞細胞[*4]で合成さ

れます。甲状腺ホルモンは、核内受容体と結合して遺伝子の発現を変化させることにより、全身のあらゆる組織の細胞に作用を及ぼします。

甲状腺ホルモンには次の３つの働きがあります。

①体細胞の新陳代謝を活発にする

　　＝タンパク質、糖質と脂質の代謝を調節

②交感神経を刺激する

　　＝アドレナリンが分泌され交感神経が過剰に刺激される症状

③成長や発達を促進する

　　＝胎児や新生児では脳や身体の組織の正常な発達に必要

甲状腺の組織は、さまざまな直径の甲状腺濾胞と呼ばれる球状の袋が密に詰まっています。この濾胞の壁には、濾胞細胞が一層に並び甲状腺ホルモンを分泌します。濾胞内にはコロイドと呼ばれるゼラチン状の物質が蓄積されており、主成分はサイログロブリン（thyroglobulin；Tg）と呼ばれる甲状腺ホルモンの前駆体です。

サイログロブリンは基質内にチロシンを含む巨大な糖蛋白質です。濾胞細胞と接したサイログロブリンのチロシン残基は、１ヵ所または２ヵ所が甲状腺ペルオキシダーゼ（thyroid peroxydase）によりヨード化され、さらにそれぞれが互いに結合して２種類の甲状腺ホルモンが形成されます。

　・ジヨードチロシン＋ジヨードチロシン　　→ T_4（thyroxine）

　・ジヨードチロシン＋モノヨードチロシン→ T_3（triiodothyronine）

濾胞細胞が、サイログロブリンを細胞内に取り込むと、T_3 と T_4 はサイログロブリンから切断され血流中へ放出されます。血流中に放出された遊離 T_3（FreeT_3：以下FT_3）と遊離 T_4（FreeT_4：以下FT_4）は、サイロキシン結合グロブリン（thyroxine binding globulin；TBG）とよばれる血清蛋白と結合して循環血液中を輸送されます。

甲状腺から分泌される甲状腺ホルモンの大部分は T_4 ですが、その大

部分はサイロキシン結合グロブリンと結合し、血中の遊離型 T_4 は全体の 0.03％程度です。T_3 も大部分がサイロキシン結合グロブリンと結合しており、遊離型 T_3 は 0.3％程度です。

・甲状腺機能検査

甲状腺ホルモンの T_3 が最も活性が高く、T_4 にはわずかなホルモン活性しか認められません。しかし T_4 の多くは、末梢組織で長時間保持されて脱ヨード化により T_3 へと変換されるので、T_3 の貯蔵庫として働いているといえます。血流中の T_3 の大半は、甲状腺外で T_4 の脱ヨード化により産生されるので、甲状腺から直接分泌される T_3 は血流中の T_3 の 1/4 に過ぎません。

T_3 と T_4 の合成や放出に必要な反応はすべて、甲状腺刺激ホルモン（thyroid stimulating hormone；TSH）の調節を受けています。TSH は下垂体前葉の TSH 産生細胞により分泌されます。この TSH の分泌は、下垂体のネガティブフィードバックにより調節されています。すなわち遊離 T_4 濃度と遊離 T_3 濃度が上昇すると TSH の合成分泌は抑制され、逆にそれらが低下すると TSH の分泌が増加します。

さらに TSH の分泌は視床下部で合成される甲状腺刺激ホルモン放出ホルモン（thyrotropin-releasing hormone；TRH）の影響も受けています。

血中の主要な甲状腺ホルモン輸送蛋白質としては、サイロキシン結合グロブリン（thyroxine binding globulin；TBG）、TBPA（thyroxine binding prealbumin, transthyretin）、アルブミンの 3 種類があります。その中で TBG は血中 T_4 の 65％、T_3 の 75％を結合する最も重要な蛋白質です。TBG の分子量は SDS-PAGE にて 54kDa の酸性糖蛋白質であり、肝臓で合成、分泌されます。血中半減期は約 5 日です。TBG 分子 1 個につき 1 個のホルモン結合部位が存在します。

TBG は、甲状腺機能低下症、妊娠、エストロゲン療法、経口避妊

検査名	基準値	備　考
TSH	0.41 ～ 4.01uIU/ml	甲状腺刺激ホルモン
FT3	2.00 ～ 4.90pg/ml	遊離トリヨードサイロニン
FT4	0.82 ～ 1.63ng/dl	遊離サイロキシン
抗 TR 抗体	2.0IU/ml 未満	抗 TSH 受容体抗体
TS 抗体	180%以下	甲状腺刺激抗体
Tg	32.7ng/ml 以下	サイログロブリン
抗 Tg 抗体	28IU/ml 未満	抗サイログロブリン抗体
抗 TPO 抗体	16IU/ml 未満	抗甲状腺ペルオキシダーゼ抗体

薬、急性肝炎、肝がん、燕麦細胞がん[*5]、神経血管性浮腫などで増加
し、甲状腺機能亢進症、慢性アルコール性肝障害、ネフローゼ症候群、
慢性腎不全、蛋白同化ステロイド、過剰の糖質コルチコイドなどで減少
します。

　サイログロブリン（Tg）は、甲状腺濾胞細胞のみで造られる分子量
66 万の糖蛋白で、生合成された Tg は濾胞腔の中へ放出されます。Tg
は臓器特異性が高く甲状腺疾患には極めて有用なマーカーです。意義と
しては甲状腺分化がんに対する甲状腺の亜全摘術または全摘術の評価、
および術後再発や転移の有無を知るマーカーとしての使用にあります。

　その他、バセドウ病での治療の効果、寛解の指標、先天性甲状腺機能
低下症の病型の決定などにも有用です。また画像診断との組合せによ
り、結節性甲状腺腫の術前診断や良性の甲状腺疾患と悪性腫瘍とを鑑別
する可能性も示唆されています。

抗甲状腺ペルオキシダーゼ抗体（抗 TPO 抗体）は、橋本病患者のほぼすべてとバセドウ病患者の大半に存在します。濾胞細胞膜表面のTSH 受容体に対する抗 TSH 受容体抗体は、バセドウ病の原因です。

＜甲状腺機能亢進症＞

●疾患概念・原因

　甲状腺機能亢進症（hyperthyroidism）とは、血中の甲状腺ホルモンが増えてその作用により、体重減少、全身倦怠感、手のふるえ、動悸、息切れ、頻脈（ひんみゃく）*6、暑さに耐えられないなどの諸症状が出る疾患状態です。これを甲状腺中毒症ともいい、代表的疾患がバセドウ病です。その他にプランマー病、無痛性甲状腺炎、亜急性甲状腺炎、やせ薬、甲状腺刺激ホルモン産生腫瘍、妊娠甲状腺中毒症、卵巣甲状腺腫などがあります。

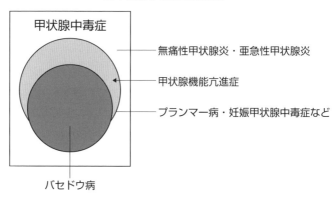

●甲状腺中毒症の分類●

●疫学・症状

　甲状腺機能亢進症では、次図のような全身の新陳代謝を活発にさせるさまざまな甲状腺中毒症状が起こります。

　特にバセドウ病は甲状腺機能亢進症の代表的な病気であり、甲状腺

●甲状腺機能亢進症の主な症状●

全身症状	暑がり、疲れやすい、だるい、体重減少、または体重増加
体温	微熱
顔つき、首	目つきがきつい、**眼球突出**、複視、**甲状腺腫大**
神経精神症状	イライラ感、落ち着かない、集中力低下、不眠
循環器症状	動悸、**頻脈**、心房細動、心不全、むくみ、息切れ
消化器症状	食欲亢進、食欲低下、口渇、軟便、排便回数増加
皮膚	発汗、脱毛、かゆみ、皮膚が黒くなる
筋骨症状	脱力感、筋力低下、骨粗鬆症、手足のふるえ、周期性四肢麻痺（男性）
月経	月経不順、無月経、不妊
血液検査値	コレステロール低下、血糖上昇、血圧上昇、肝障害

腫、頻脈、眼球突出の３つの臨床症状が揃えば診断されます。この病気の原因は、甲状腺を刺激する抗体（TSH 受容体抗体）であると考えられています。よって、このバセドウ病は自己免疫疾患の一つであり、その有病率は 1,000 人中 2 ～ 6 人といわれています。女性患者が男性患者より 5 倍と多いです。

●検査・診断

バセドウ病の確認検査は、甲状腺機能検査で血中トリヨードサイロニン（T_3）増加、サイロキシン（T_4）増加、TSH 低下となります。TRH 刺激試験でも TSH 低下のままです。^{123}I の取り込み増加し、T_3 抑制試験に無反応です。バセドウ病の 80 ～ 90％で抗 TSH 受容体抗体（TRAb）または刺激抗体（TSAb）が陽性となります。抗甲状腺抗体（抗サイログロブリン抗体、抗ミクロゾーム抗体）も陽性となります。

●治療・予後

　治療は、抗甲状腺剤（メルカゾール）の投与、甲状腺亜全摘術、アイソトープによる放射線療法などが行われます。合併症である眼球突出に対しても眼窩に放射線療法を行うことがあります。

　①薬物療法

　甲状腺ホルモンの合成を抑えるメルカゾールやプロパジールなどの抗甲状腺剤を投与します。甲状腺刺激抗体が消えるまで長期にこれらの薬剤を服用するため、皮膚の炎症や無顆粒球症の副作用が生じることもあります。頻脈や振戦<ruby>振戦<rt>しんせん</rt></ruby>*7 に対しては、β-ブロッカーが投与されることもあります。

　②アイソトープ（放射性ヨード）治療

　ヨードの放射性同位元素を服用し、甲状腺の細胞数を減らす治療法です。治療の結果、甲状腺機能低下症になることもあります。また被爆の影響もあります。

　③手術

　バセドウ甲状腺全摘（亜全摘）術（両葉）（K462）、つまり甲状腺の一部を残して甲状腺組織を切除する手術を行います。　再発は少ないですが甲状腺機能低下症になることもあります。

　本症を無治療のまま放置すると心房細動や心筋障害を来し、ときに心不全で死亡します。しかし、適切な治療を受ければ予後良好な疾患です。治療により甲状腺機能低下症となった場合には、甲状腺ホルモン剤（チラージン）による補充療法を続けることになります。

＜甲状腺機能低下症＞

●疾患概念・原因

　甲状腺機能低下症は、バセドウ病と正反対で甲状腺ホルモンの不足により新陳代謝が低下することにより起こる疾患です。新陳代謝の低下か

ら老化が早く起こるような症状が見られ、寒がり、皮膚の乾燥、むくみ、髪も抜け、眠気、無気力で非活動的となります。この代表的疾患が橋本病（慢性甲状腺炎）です。その他に先天性甲状腺機能低下症、異所性甲状腺腫、産後一過性甲状腺機能低下症、ヨード過剰摂取、術後甲状腺機能低下症（バセドウ病、甲状腺がん）、アイソトープ治療後甲状腺機能低下症などがあります。

橋本病も甲状腺臓器に対する自己免疫疾患の一つで、甲状腺を異物とみなして甲状腺に対する自己抗体（抗サイログロブリン抗体、抗マイクロゾーム抗体）ができる疾患です。この抗体が甲状腺を破壊することにより、徐々に甲状腺機能低下症が起こっていきます。

●疫学・症状

甲状腺機能低下症状は、全身がエネルギーを利用できない病態なので、非常に多彩な症状が起こります。次のような症状があります。

●甲状腺機能低下の主な症状●

全身症状	寒がり、疲れやすい、動作が鈍い、体重増加、声かれ、低音
体温	低体温
顔つき、首	むくみ、甲状腺腫大、のどの違和感、ボーッとしたような顔
神経精神症状	物忘れ、無気力、眠たい、ボーッとしている
循環器症状	徐脈、息切れ、むくみ、心肥大
消化器症状	食欲低下、舌が肥大、便秘
皮膚	汗が出ない、皮膚乾燥、脱毛、眉が薄くなる、皮膚の蒼白
筋骨症状	脱力感、筋力低下、肩こり、筋肉の疲れ
月経	月経不順、月経過多
血液検査値	コレステロール上昇、肝障害、貧血

橋本病は甲状腺機能低下症の代表的疾患ですが、すべての橋本病が甲状腺機能低下症を起こすわけでなく、約40％程度に機能異常があるといわれています。甲状腺の慢性炎症により甲状腺腫大が起こります。このため、喉の圧迫感や違和感を訴える人もいます。治療は、甲状腺機能低下の場合に甲状腺ホルモン剤（チラージン）の服用をします。

●検査・診断

中年女性でゴム様のびまん性甲状腺腫が見られ、膠質反応（ZTT、TTT）の亢進とγグロブリンの上昇が起こり、抗甲状腺抗体（抗サイログロブリン抗体、抗ミクロソーム抗体）が陽性のとき慢性甲状腺炎（橋本病）と診断します。

甲状腺機能はさまざまに変化しますが、最終的には甲状腺機能低下症となります。甲状腺機能低下症となったときは、上記のような臨床症状の他に、アキレス腱反射の遅延（Lamberts 徴候）、甲状腺ホルモン（T_3、T_4）値の低下、^{123}I 摂取率の低下、総コレステロール高値、AST 高値と CK 高値などの血液検査所見が見られます。

●治療・予後

一時的なもの以外は、薬物療法として、チラージンなどの甲状腺ホルモンを正常値になるまで徐々に増量し、その後は一生服用することが多いです。前述のように症状が非常に多彩なため診断が遅れ、意識消失、昏睡、心不全等致死的な合併症を起こすこともありますが、いったん正確な診断がされれば、甲状腺ホルモンを服用し続けることで予後は良好な疾患です。

手術適応となることはほとんどありません。甲状腺腫のみで機能正常であれば経過観察をします。甲状腺機能低下症は、慢性甲状腺炎（橋本病）の末期で一番多く見られる症状です。

＊１：甲状腺嚢胞（こうじょうせんのうほう）

　甲状腺嚢胞とは、袋状の構造物の中に体液が貯留した状態の腫瘍のことです。

＊２：甲状腺腫瘤（こうじょうせんしゅりゅう）

　甲状腺腫瘤とは、甲状腺に生じるしこりのことで良性と悪性のものがあります。甲状腺の一部が腫れた状態にあることから甲状腺結節とも呼ばれます。

＊３：錐体葉（すいたいよう）

　甲状腺の左右の側葉をつなぐ峡部から上方に伸びる葉のことです。6割のヒトに見られます。

＊４：濾胞（ろほう）

　甲状腺組織の中の濾胞は、甲状腺ホルモンを貯蔵する小さな球形の組織です。

＊５：燕麦細胞がん（えんばくさいぼうがん）

　肺がんは、大きく「小細胞がん」と「非小細胞がん」の2つに分けられ、このうち「小細胞がん」（small cell lung cancer；SCLC）は比較的小型の細胞からなるがんで、「燕麦細胞がん」と呼ばれます。がん細胞を顕微鏡で見ると燕麦の穂のように見えるからです。小細胞がんは非常に成長が早く、がん細胞の数が30日ごとに2倍になります。そしてリンパ節、胸膜、肝臓、骨、中枢神経系（脳および脊髄）などに転移します。発見されたときには、かなり進行していることが少なくありません。放射線療法や薬物療法に対する感受性が高いことが知られています。小細胞がんの主な原因は喫煙です。

＊6：頻脈（ひんみゃく）

　頻脈とは、心拍数が基準範囲内を超えて高いことで、一般に90回／分を超える場合をいいます。

＊7：振戦（しんせん）

　振戦とは、手、頭、声帯、体幹、脚などの体の一部に起こる不随意で規則的な震えで、筋肉の収縮と弛緩が繰り返された状態です。

⑤ 心房細動
＝心臓カテーテルアブレーション術で完治すれば問題はない

Q 60歳の男性です。3年前に「心房細動」と診断され、抗凝固療法を受けていましたが、1年前に心臓カテーテルアブレーション術を受けて完治しました。生命保険に加入できるでしょうか。

A 心房細動など頻脈性不整脈[*1] が心臓カテーテルアブレーション術で後遺症なく完治すれば、生命保険や医療保険への加入には問題ないものと思料します。ただし、術後の再発があることから、アブレーション術後2年超経過するまでは、生命保険は引受不可または削減条件付きとなる可能性があります。

また、心房細動の原因が心臓弁膜症などの心臓の器質的疾患である場合は、それも含めて査定評価するため、生命保険加入は極めて困難です。

[告知のポイント]

1. 正式な傷病名
2. 心房細動の原因の有無とあればその病名
3. 治療方法
4. 心臓カテーテルアブレーション術の有無
5. 医療機関名

[解　説]

●疾患概念・原因

　心房細動とは、心房のある部分の高頻度で無秩序な電気的興奮により P波が消失し小さな振れのf波が出現し、心房の興奮が心室へ不規則に伝導するため、リズム（R-R間隔）が不規則となる病態をいいます。

　心房細動は発症後のその持続時間により、発作性心房細動、持続性心房細動、永続性心房細動の3つに分類されます。持続性心房細動と永続性心房細動は、いずれも慢性心房細動とも呼ばれますが、前者は薬剤投与により心房細動が停止可能ですが、後者は停止しないつまり薬が効かない心房細動といえます。

　心房細動の原因には、全身性疾患や心疾患などの基礎疾患があります。アルコール摂取は、期外収縮や心房細動などの頻脈性不整脈のリスクを高めます。また、心房細動は次のような心臓疾患その他の異常が基礎疾患にあるか関連しています。

●心房細動とは●

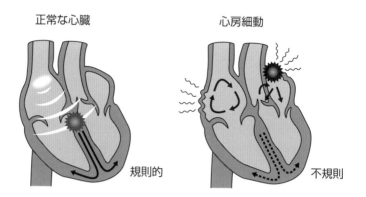

正常な心臓　　　　　　　　　心房細動

規則的　　　　　　　　　不規則

・高血圧（高血圧性心疾患）

・冠動脈疾患（虚血性心疾患、心不全）

・心臓弁膜の異常（僧帽弁狭窄症*2、僧帽弁閉鎖不全症*3）

・先天性心疾患（心室中隔欠損症[*4]）

・甲状腺機能亢進症

・収縮性心膜炎

・拡張型心筋症

・肥大型心筋症

・WPW 症候群の発作時

・高齢者

　心房細動のリスクは加齢とともに増大します。また、肥満や家族歴があるとリスクは増大します。一般に発作性心房細動から持続性心房細動、さらに永続性心房細動へと移行することが知られています。

　・発作性心房細動…発作性心房細動（paroxysmal atrial fibrillation；PAf）とは、心房細動を発症後 1 週間以内に自然停止するものです。発作性心房細動の持続時間は、数分から 1 週間程度です。この種の心房細動では治療の必要はありませんが、主治医による経過観察が必要とされます。

　「休日心臓症候群」という言葉を聞いたことがありますか。これは一時的な深酒の翌日に起こる心房細動を意味します。心臓がいつもと違う活動に慣れていなければ、心房細動に移行します。また、過度なストレス下で起こることもあります。

　・持続性心房細動…通常、持続性心房細動（sustained atrial fibrillation）は 1 週間以上続きます。自然に止まることもありますが、止めるために薬剤による治療が必要かもしれません。この型の心房細動に臨床医は薬剤を投与しますが、その効果がなければ、低電圧電流を使って左心房の心筋を焼灼して正常な心臓の調律とリセットします。これは、「心臓カテーテルアブレーション術」と呼ばれます。

　・孤立性心房細動…心房細動の原因には、全身性疾患や心疾患などの基礎疾患がありますが、原因疾患がないのに発症する孤立性心房細動

(lone atrial fibrillation, idiopathic atrial fibrillation）が最も多いものです。孤立性心房細動の定義については、従来から議論のあるところで、心臓疾患や肺疾患の既往や超音波検査所見のない心房細動とされています。その他、以下のような基準が提唱されています。

①高血圧などの心血管疾患がない

②60歳以下で心不全、慢性閉塞性肺疾患、糖尿病、甲状腺機能亢進症、急性感染症、最近の胸腹部手術、全身性炎症性疾患などの関連疾患がない

・弁膜症性心房細動…弁膜症性心房細動とは、僧帽弁狭窄症、僧帽弁閉鎖不全症などの心臓弁膜症から起こる心房細動です。主に僧帽弁の異常から左心房への圧負荷が起こることで発症します。

●疫学・症状

年齢が上がるにしたがって心房細動の発症率が増加します。65歳以上になると、人口の6％が心房細動を患っているとの報告もあります。心房細動は、左心房内の血栓形成から脳梗塞の原因となることから注意が必要です。アルコール摂取は、期外収縮や心房細動などの頻脈性不整脈のリスクを高めます。

心原性脳梗塞を起こすと意識障害、片麻痺を起こし、四肢塞栓により四肢の痛み、皮膚蒼白、動脈拍動の消失が見られます。

心房細動患者の脳梗塞発症率は、健常者の6～7倍といわれています。また、心房細動患者の死亡率は、健常者の2倍という報告もあります。

心房細動は無症候性のこともあり、人間ドックなどの際に見つかることもあります。症状としては次のようなものです。

・動悸や脈拍上昇（粗動）

・疲労感

- 浮遊感（立ちくらみ）
- めまい
- 息切れ
- 胸痛

●検査・診断

　心房細動の検査としては次のようなものがあります。

　心電図検査は、幅の狭い QRS 波、不規則な頻脈、基線の細かい動揺である心房細動波を認めます。心臓超音波検査では、左心房内、特に左心耳に血栓形成が見いだされることがあります。ホルター心電図検査は、24 時間以内の心房細動発作を確認できますが、発作性心房細動では見落とされる可能性があります。30 日間の自由行動下心電図モニタリングを行うとよいでしょう。

　血液検査では、BNP を検査することで心不全状態の有無とその程度を確認したり、抗凝固療法中の心房細動患者において、出血傾向を調べるためにプロトロンビン時間などの測定を行います。BNP は、主に心室筋で合成される脳性ナトリウム利尿ペプチド（brain natriuretic peptie；BNP）です。アミノ酸 32 個の S-S 結合による環状構造を有するペプチドホルモンで、心不全の診断と重症度の評価に使われます。

　呼吸困難で来院した心不全患者の臨床診断に BNP は有用です。NYHA 重症度分類に平行して高値を示します。また BNP は慢性心不全患者の予後判定にも有用で、BNP が高いほど心事故が増加します。BNP 値が 10pg/mL 上昇するごとに死亡率が 1.2％上昇するとの報告もあります（Val-Heft, Circulation 2003, 107；1278）。肺毛細管圧と BNP は慢性心不全患者の独立した予後規定因子であったとの報告もあります（Circulation 1997, 96；509）。

●治療・予後

　薬物療法は、左心房の血栓から発症する脳塞栓を予防するために、抗血小板療法や抗凝固療法が行われます。心房細動が 48 時間以上持続した場合には、塞栓症の危険を考慮し、経食道心臓超音波検査で左心房内血栓を除外してから洞調律[*5]への復帰を目指します。治療の目安は次の通りです。

●非弁膜症性心房細動の治療の目安●

```
          ┌─────────────────────────┐
          │     非弁膜症性心房細動     │
          └─────────────────────────┘
    ┌─────────────────────────────────────────┐
    │ 塞栓症の既往、左心不全、高血圧（160mmHg 以上）│
    └─────────────────────────────────────────┘
          ┌────────┐              ┌────────┐
          │  なし   │              │  あり   │
          └────────┘              └────────┘
    ┌──────────┐   ┌──────────┐
    │ 高血圧の既往 │   │ 76 歳以上 │
    └──────────┘   └──────────┘
   ┌──────┐  ┌──────┐
   │  なし  │  │  あり  │
   └──────┘  └──────┘
 ┌──────────┐ ┌──────────┐
 │ 60 歳未満 │ │ 60～75 歳 │
 └──────────┘ └──────────┘
 ┌──────────┐ ┌───────────────────────┐   ┌───────────────────────────┐
 │ 経過観察  │ │ アスピリン（80～330mg/日）│   │ ワーファリン（INR1.5～2.5）│
 └──────────┘ └───────────────────────┘   └───────────────────────────┘
```

　近年、不整脈の治療法として心臓カテーテルアブレーション術が用いられるようになってきました。心房細動に対する心臓カテーテルアブレーション術では、左心房まで血管カテーテルを挿入し、肺静脈開口部を焼灼する操作を行います。心臓カテーテルアブレーション術の適応疾患には次のようなものがあります。

・心房細動

・心房粗動

・発作性上室性頻拍

・心室粗動
・心室細動
・心室性期外収縮

　心房細動に対する1回の心臓カテーテルアブレーション術施行後における不整脈の再発は、ほとんどが最初の6～12ヵ月間に発生します。したがって、施術後2年間以上が経過し再発等がないことが確認できれば、生命保険に加入できる可能性があると思います。

■心房細動・用語解説■

＊1：頻脈性不整脈（ひんみゃくせいふせいみゃく）

　頻脈性不整脈とは、脈拍数が早くなる不整脈で、1分間の脈拍が100回以上となります。多いときは1分間に400回以上となることもあります。症状は動悸、めまい、立ち眩み、失神、けいれんなど起こり、一部の頻脈では死に至ることもあります。これは、脈拍が早すぎると心臓が効率的に血液を送り出すことができなくなり、空打ち状態となるからです。

＊2：僧帽弁狭窄症（そうぼうべんきょうさくしょう）

　僧帽弁狭窄症（mitral valve stenosis；MS）とは、心臓にある僧帽弁の開きが悪くなり、左心房から左心室への出口が狭くなって血液が流れにくくなる病気のことです。肺で酸素を取り入れた動脈血は、心臓の左心房から左心室へと移動し、全身へ押し出されます。この左心房と左心室の間にあって2つの部屋を遮り、血流を一定方向に保つ役割を果たしているのが僧帽弁です。小児時に発症したリウマチ熱（rheumatic fever）が、その後遺症として中年期に発症するものが原因のほとんどを占めます。

＊3：僧帽弁閉鎖不全症（そうぼうべんへいさふぜんしょう）

　僧帽弁閉鎖不全症（mitral valve regurgitation；MR）とは、僧帽弁が完全に閉鎖されないために、一度左心室へ送り出された血液が左心房内へ逆流する病気のことです。主な原因としては、僧帽弁逸脱症（mitral valve prolapse）です。これは、僧帽弁を支える「腱索」という組織が切れたり伸びたりして、僧帽弁の位置がずれてしまうことによって起こります。この腱索断裂は、粘液様変性、リウマチ熱、感染性心内膜炎、バーロー症候群（Barlow's syndrome）やマルファン症候群（Marfan syndrome）、心筋症、虚血性心疾患などが原因となって起きる場合もあります。

*4：心室中隔欠損症（しんしつちゅうかくけっそんしょう）
　左右心室の間にある心室中隔に欠損孔が認められる病気です。血液の一部分が左心室から欠損孔を通り、右心室を通って肺に流れるため、欠損孔を通る血液の分が肺に多く流れ、心臓に負担をかけます。この余分な血液が多いほど早く症状が現れ、手術等の治療が必要になりますが、自然に閉じた場合や、欠損孔が小さい場合には手術する必要はありません。

*5：洞調律（どうちょうりつ）
　正常な心臓の脈拍リズムです。自動能をもつ洞結節からの刺激が心房と心室に伝わり、心電図検査で正常な PQRST 波が繰り返し形成されている状態のことをいいます。

⑥狭心症
＝冠動脈造影検査で狭窄病変がなければ加入の可能性も

Q 50歳の男性です。3年前に「狭心症」の発作を起こし、PTCA（経皮的冠動脈形成術[*1]）を受けました。生命保険に加入できるでしょうか。

A 狭心症の発作があってPTCAを受けたということは、心臓の冠動脈に狭窄病変があったものと思います。この狭窄病変をプラークと呼びます。これが破裂するとそこから血栓が末梢へ飛び、冠動脈を閉塞することがあります。このようにして起きた急性心筋梗塞を「急性冠症候群[*2]」といいます。

　直近の冠動脈造影検査で、狭窄病変がないと確認されれば美点評価されます。また、最終的な心機能を反映するものは、心臓の「駆出率[*3]」です。特に左室駆出率（ejection fraction；EF）が正常に保たれていれば、予後良好と考えられます。次のとおり評価されますが、50％以上あれば正常と評価されます。

●左室駆出率による左室機能の評価●

EF	左室機能評価
50%以上	左室機能正常
40 ～ 49%	左室機能軽度低下
40%未満	左室機能中等～重度低下

　さらに、PTCA後の経過観察期間が十分にあることも重要で、狭心症を発症してPTCA後、治療により2年間以上問題なく経過しているのであれば、特別条件として高い保険料割増となります

が、生命保険は加入できる可能性があります。なお、特定疾病保険
と医療保険については加入困難となります。また、がん保険は会社
によります。

［告知のポイント］
　1．発症時年齢
　2．診断からの経過期間
　3．臨床症状の有無
　4．閉塞冠動脈の数（単一または複数血管）
　5．左室機能（EF）
　6．合併症の有無
　7．負荷心電図検査
　8．不整脈（心室性不整脈の頻度）
　9．治療内容（薬剤名など）
　10．医療機関名

［解　説］
　冠動脈造影検査が正常で胸痛がなければ、緩やかに評価されます。そ
れは狭心症が否定的であるからで、特に年齢が若い人の発症リスクは低
いと考えます。
　シンドロームX（微小血管狭心症）の典型的所見は、負荷検査陽性で
も冠動脈造影検査で閉塞性病変のない胸痛を呈することです。PTCA
の適応はなく、抗凝固薬療法が第一選択となります。糖尿病を合併して
いることが多いため、生命保険の加入はとても困難です。

●経皮的冠動脈形成術（PTCA）●

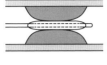
狭窄部位にバルーンの付いたカテーテルを挿入する

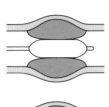
バルーンを膨らませると粥腫に亀裂ができ、同時に血管の中膜と外膜が伸びる

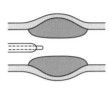
バルーンが収縮すると血管が拡張して血液の流れがよくなる

＜動脈硬化＞

●疾患概念・原因

　動脈硬化とは、動脈の内膜が肥厚し硬化した状態です。動脈硬化によって引き起こされる病態を「動脈硬化症」といいます。通常血管内皮下にコレステロール（リポタンパク）が蓄積しアテローム（粥腫^{＊4}）となり、次第にプラーク（隆起性病変）となります。その結果、血管内腔の狭窄が起こり、血流が障害されます。

　高血圧症、糖尿病、脂質異常症、喫煙などの危険因子により動脈硬化は進行すると考えられています。人間ドックなどでは、総頸動脈や内頸動脈の内膜肥厚を測定する超音波検査が行われています。一般にプラークの厚さが 1.1mm を超えると異常ありとされます。

　「動脈硬化性疾患予防ガイドライン（2012 年版）」では、心筋梗塞や狭心症の重要な危険因子として、肥満の他に次のようなリストを掲載しています。

　・冠動脈疾患
　・糖尿病

・耐糖能異常

・脂質異常症（高 LDL コレステロール血症、高中性脂肪血症）

・高血圧

・慢性腎臓病（CKD）

・喫煙

・非心原性脳梗塞・末梢動脈疾患

・年齢

・性別

・冠動脈疾患の家族歴

●症状・経過

　動脈硬化の進展は次の通りです。血管内皮細胞が高血圧などにより傷害されると、その傷害部位より血液中の単球が血管内皮下に入り込みます。それが体内の不要物を専門に処理するマクロファージとなります。また、破れた血管壁をふさごうとして血小板が粘着凝集します。

　マクロファージは、血管壁に入ってきたコレステロールを貪食して泡沫細胞になります。さらに、平滑筋細胞も内皮下に入りコレステロールを食べ、やがてコレステロールを食べ過ぎたマクロファージと平滑筋細胞は崩壊し、アテロームを形成します。石灰沈着、線維化なども加わり血管壁は硬くなり、血管内腔は狭くなります。血栓が形成され、血流障害が発生します。

　全身のあらゆる部位に起こる動脈硬化が起きますが、それが引き起こす疾患としては、狭心症、心筋梗塞をはじめとして脳梗塞、脳出血、くも膜下出血、大動脈瘤、大動脈解離、腎硬化症、腎血管性高血圧、閉塞性動脈硬化症などがあります。このうち冠動脈疾患は、狭心症と心筋梗塞ですが、これら疾患の存在は全身の動脈硬化の進展を示唆しています。

フラミンガム心臓研究（Framingham Heart Study）によると、冠動脈のアテローム性動脈硬化から毎年１％が冠動脈性心疾患を発症し、そのうち心筋梗塞が 40％、安定狭心症が 30％、不安定狭心症が６％、突然死が 15％の割合となりました。近年、急性心筋梗塞、不安定狭心症等をまとめた一つの疾患概念として急性冠症候群（acute coronary syndrome；ACS）がいわれています。

＜狭心症と心筋梗塞＞

　狭心症と心筋梗塞の大きな違いは、心筋細胞の壊死の有無です。心筋を構成する心筋細胞が死んだ状態となるのが心筋梗塞であり、心筋細胞が虚血つまり酸素不足状態に陥っても死んでいない状態が狭心症です。これらの違いは次表の通りです。

●狭心症と心筋梗塞の違い●

	狭心症	心筋梗塞
誘因	運動時・夜明けトイレへ行くとき	安静・運動に関係なし
胸痛の特徴	突然、締めつけられる痛み	重症感
発作の持続時間	１〜５分、長くても 15 分以内	15 分以上、数時間続くことも
ニトロペンの効果	著効	効果なし

　狭心症と心筋梗塞に共通することですが、心臓の機能を評価するために、左室駆出率（ejection fraction；EF）を計算して定量化して指標とします。評価は次表のとおりです。なお、心臓超音波検査報告書にはEF の報告がありますが、診断書によっては左室機能の簡単な記述のみのこともあります。左室駆出率（EF）が 40％未満では保険加入は困難です。

●左室機能の評価●

EF	左室機能評価
50%以上	左室機能正常
40〜49%	左室機能軽度低下
40%未満	左室機能中等〜重度低下

●心室性期外収縮の分類と重症度●

程度	頻度
軽　度	≦10回／時間
中等度	11〜30回／時間
重　度	＞30回／時間

　程度の異なる頻度・形状がある場合は、高い方のレベルで評価します。上室性期外収縮は予後に影響しないため、不問（＋0）とします。

　狭心症や急性心筋梗塞治療後の経過観察中に記録された不整脈についてのみ、上表のような重症度で評価します。すなわち、心室性期外収縮が頻発していると予後不良というわけです。

＜狭心症の重症度分類（CCS分類）＞

Ⅰ度　日常の身体活動（歩行や階段歩行など）では狭心症状が起きません。狭心発作は、仕事やレクリエーションにおける、激しいあるいは急激なあるいは時間的に長い労作によって起こります。

Ⅱ度　日常の身体活動が軽く制限されます。急いで歩いたり、階段を昇った場合、上り坂を歩いた場合、食後、寒気の中・風の中・情緒的ストレス下・あるいは起床後数時間以内に、歩いたり階段を昇る場合に制限される。普通の速度あるいは普通の状態で、平地を2ブロック以上歩いたり、普通の階段を1階以上昇ることがで

きます。

Ⅲ度　日常の身体活動が相当に制限されます。普通の速度であるいは
　　普通の状態で、平地を1～2ブロック歩いたり、普通の階段を1
　　階昇ることができます。

Ⅳ度　どのような身体活動であっても発作が起きます。——狭心症状
　　が安静時にも起こることがあります。

出典：Canadian Cardiovascular Society, Circulation, '76

●性・年齢別に見た虚血性心疾患の患者数●

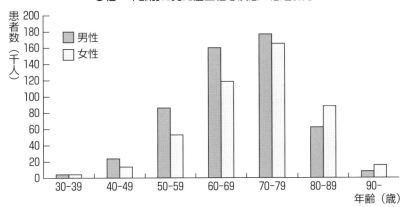

出所：平成14年患者調査（厚生労働省）

●心疾患による死亡数（人）●

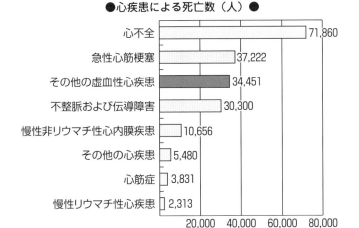

●心疾患による死亡数の内訳（人）●

死因	総数	男	女
心疾患（高血圧性を除く）合計	196,113	92,142	103,971
心不全	71,860	26,961	44,899
急性心筋梗塞	37,222	21,137	16,085
その他の虚血性心疾患	34,451	19,939	14,512
不整脈および伝導障害	30,300	14,689	15,611
慢性非リウマチ性心内膜疾患	10,656	3,528	7,128
その他の心疾患	5,480	2,924	2,556
心筋症	3,831	2,224	1,607
慢性リウマチ性心疾患	2,313	740	1,573

出所：厚生労働省人口動態統計 2015 年

■狭心症・用語解説■

＊1：経皮的冠動脈形成術（けいひてきかんどうみゃくけいせいじゅつ）

　アテロームなどで狭窄した心臓を栄養する冠動脈を拡張し、血流の増加をはかる手術（PTCA）です。下肢つけ根の大腿動脈や腕の橈骨動脈、上腕動脈からカテーテルを通し治療を行います。PTCA の方法としてはバルーンと呼ばれる風船で冠動脈を広げる方法、ステントを留置し冠動脈を広げる方法、ローターブレードで冠動脈を広げる方法、DCA（円筒系カッター）で冠動脈と広げる方法などがあります。

＊2：急性冠症候群（きゅうせいかんしょうこうぐん）

　急性冠症候群とは、不安定狭心症と急性心筋梗塞を総合した疾患概念です。冠動脈の動脈硬化から起こるプラークの破綻により発症する病態を示しています。

＊3：駆出率（くしゅつりつ）

　左心室から大動脈へ送り出される動脈血の割合のこと。

＊4：粥腫（じゅくしゅ）

　粥腫とは、大動脈、脳動脈や冠動脈などの比較的太い血管に起こる動脈硬化のことで、血管内細胞下に LDL コレステロールなどの脂肪からなる粥状物質が蓄積した状態をいう。アテロームやプラークとも呼ばれます。

⑦ブルガダ型心電図
= ブルガダ症候群との確定診断なら生保への加入は困難

Q 45歳の男性です。人間ドックの心電図検査で「ブルガダ型心電図」の指摘を受けました。生命保険の加入に問題はないでしょうか。

A ブルガダ型心電図は、突然死を起こす可能性のあるブルガダ症候群の所見の一つですが、この心電図検査所見のみでブルガダ症候群と診断されるものではありません。健常人であっても、心電図検査でブルガダ型心電図波形を示すこともあります。ブルガダ型心電図波形には、次の3つの型があります。

●ブルガダ型心電図の診断基準●

項　目	1型（Type Ⅰ）	2型（Type Ⅱ）	3型（Type Ⅲ）
J波振幅	≧2mm	≧2mm	≧2mm
T波	陰性	陽性／二相性	陽性
ST-T波形	coved	saddle back	saddle back
ST終末部	上昇≧2mm	上昇≧1mm	上昇＜1mm

　1型波形の場合、一過性のことがあるため、時期の異なる複数の心電図を取り寄せて比較検討することが望まれます。de Lunaらによる第3次コンセンサスレポート（2012年）では、上記2型と3型をまとめて2型としています。すなわち弓状型（coved）と馬鞍型[*1]（saddle back）です。

　ブルガダ症候群と確定診断されているのであれば保険加入は困難です。また、ブルガダ型心電図波形の1型すなわち弓状型の場合も

同様です。馬鞍型であれば、無条件で生命保険に加入できる可能性
があります。

[告知のポイント]
　1．ブルガダ型心電図波形の型（１型または２型）
　2．ブルガダ症候群の診断の有無
　3．失神発作の既往の有無
　4．医療機関名

[解　説]
　人間ドックなどの健診において、心電図検査の異常所見出現率は全年
齢層で男性が女性より多いです。年代別では50歳代以降で顕著に出現
率は上昇します。ブルガダ型心電図も健診時に遭遇する心電図検査異常
所見の一つで、その頻度も低いものではありません。ブルガダ型心電図
の健診時の出現率は 0.14 ～ 0.9％との報告があります。
　ブルガダ症候群に特徴的な心電図波形には、弓状型（coved）と馬鞍
型（saddle back）の２種類のブルガダ型心電図波形があります。健康
診断に使用される心電計の自動診断プログラムも、前記の表の診断基準
に基づいて作製されていますが、完璧ではありません。ブルガダ型心電
図と診断されなかった場合の自動診断結果では、完全右脚ブロック
(CRBBB)、RSR’パターン[*2]、ST-T 異常、早期再分極などと診断さ
れます。
　次に、ブルガダ型心電図波形を示すブルガダ症候群について説明しま
す。

＜ブルガダ症候群＞

●疾患概念・原因

　ブルガダ症候群（Brugada syndrome）とは、12 誘導心電図の胸部誘導（V1 ～ V3）にて特徴的な ST 上昇所見を呈し、心室細動による突然死を起こしうる症候群です。本疾患は、1992 年にスペインの医師ブルガダらによって特発性心室細動の 1 型として報告されました。

　特徴的な ST 上昇は、弓状型（coved）と馬鞍型（saddle back）に分けられます。心室細動や失神の既往がある群とない群を、それぞれ症候性ブルガダ症候群と無症候性ブルガダ症候群と呼びます。

　ブルガダ症候群の原因は遺伝的チャンネル病であり、Na チャンネル遺伝子や Ca チャンネル遺伝子の複数の遺伝子異常が報告されています。特に Na チャンネルの SCN5A 遺伝子変異がブルガダ症候群の 20％の症例で見つかっています。

●ブルガダ型心電図の例（70 歳男性）●

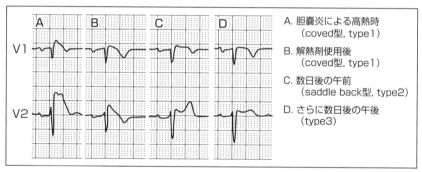

A. 胆嚢炎による高熱時
　（coved型, type1）
B. 解熱剤使用後
　（coved型, type1）
C. 数日後の午前
　（saddle back型, type2）
D. さらに数日後の午後
　（type3）

●疫学・症状

　ブルガダ症候群はアジア人に多く、男女比は９：１と成人男性に圧倒的に多いものです。典型的な１型のブルガダ症候群の発症率は、全人口の 0.05 ～ 0.2％程度と報告されています。突然死などのイベント発生率は、症候性ブルガダ症候群と無症候性ブルガダ症候群において、それ

ぞれ年 10 ～ 15％と年 0.3 ～ 4 ％と報告されています。心停止や心室
細動の既往のある症候性ブルガダ症候群に圧倒的に多いです。

　ブルガダ症候群は、従来本邦では"ぽっくり病"として知られていま
した。夜間に突然生じる心停止や心室細動が主たる症状です。

●検査・診断

　心電図検査において、右胸部誘導に典型的な心電図異常を認めます。
これに加えて、『QT 延長症候群（先天性・二次性）と Brugada 症候
群の診療に関するガイドライン』では、次の５つのうち１つ以上を満た
すことをブルガダ症候群の診断基準としています。

　①多形性心室頻拍・心室細動が記録されている
　② 45 歳以下の突然死の家族歴がある
　③家族に典型的な１型の心電図の人がいる
　④多形性心室頻拍・心室細動が電気生理学的検査によって誘発される
　⑤失神や夜間の瀕死期呼吸を認める

　このように、ブルガダ症候群の家族歴が重視されていることが分かり
ます。

●治療・予後

　症候性ブルガダ症候群や家族歴がある症例では、植込み型除細動器
（ICD）治療を行います。抗不整脈薬による治療は、発作頻度が増す可
能性もあり慎重な投与を要します。

　　　■ブルガダ型心電図・用語解説■

＊１：馬鞍型（うまくらがた）
　心電図検査での馬の鞍に似た波形をいいます。ブルガダ型心電図の特徴
的波形の１つです。

＊2：RSR' パターン（あーるえすあーるだっしゅぱたーん）

　洞房結節からの電気刺激は、房室結節を経由して心室に入ると右室は右脚、左室は左脚前枝・後枝に分かれ合計 3 本の心筋内伝導ルートを伝わり、最終的に左右心室の筋肉を収縮させます。RSR' パターンは、右脚の電気の流れがわずかに障害されている場合に認められる心電図検査所見です。

⑧肺結節
=生保への加入は不承諾から削減条件付きとなる

> **Q** 55歳の男性です。半年前に人間ドックの胸部CT検査で「肺結節」を指摘されました。その後、6ヵ月後に再検査しましたが、大きさに変化はありませんでした。生命保険の加入に何か問題があるでしょうか。

> **A** 肺野の孤立性結節影の評価は難しいものがあります。一般に悪性と良性に分けられ、悪性では原発性肺がんがまず疑われます。したがって、胸部CT検査で小さい肺結節が見つかった場合には、2〜3年の経過観察を続け、増大するようであれば肺生検を行って診断確定するのが一般的です。
>
> 画像診断所見として肺の腫瘍性病変が存在しているため、医療保険、重大疾病保険、がん保険の加入は困難です。生命保険については、不承諾から削減条件付きとなると思います。もちろん肺結節が消失したことが明らかになれば、炎症性変化と考えられることから、保険に加入できる可能性は高くなります。
>
> 画像診断所見等にかかる呼吸器専門医の主治医診断書を取り寄せるとよいでしょう。

[告知のポイント]
1. 正式病名と肺結節の大きさ（mm）
2. 肺生検の有無（分かれば病理組織診断名）
3. 経過観察している期間

4．今後の検査予定

　5．医療機関名

[解　説]

●疾患概念・原因

　肺がん検診の肺結節とは、最大径3cm以下の円形あるいは辺縁が不整な吸収値上昇領域と定義されています。胸部X線検査で孤立性肺結節（solitary pulmonary nodule；SPN）は、3cm未満でリンパ節腫大や胸水がないものをいいます。一般に3cmを超えるものは肺腫瘤影と呼び、悪性が懸念されます。逆に5mm以下のものは粒状影と呼びます。したがって、肺結節は6〜30mmのものをいいます。

●肺結節のイメージ●

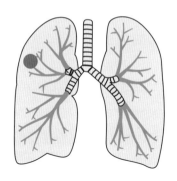

　さらに低線量CT検査の実施により、肺結節の性状から次の3つに分類されます。

　①すりガラス型結節（pure ground-glass nodule；pure GGN）

　②部分充実型結節（part-solid nodule；PSN）

　③充実型結節（solid nodule）

　低線量CT検査で認められるすりガラス陰影（ground glass opacity；GGO）とは、内部に肺血管や気管支の辺縁を認める吸収値領域と

されています。GGO を伴う腫瘍性のすりガラス型結節 GGN は、pure GGN と PSN に分類されます。PSN は従来の mixed GGN と同義です。

　肺のすりガラス型結節影は、大きさが変化しないものもあれば、ゆるやかに増大するものもあります。この増大は初期 3 年以内に明確に見られるため、少なくとも 3 年間の経過観察が必要との報告があります。

　Pure GGN を呈する代表的な疾患には、次のものがあります。

　・上皮内腺がん（adenocarcinoma in situ；AIS）…2011 年の WHO 分類によると、「30mm 以下の限局性腺がんで、既存の肺胞構造を置換して腫瘍細胞が比較的密に増殖する。置換型増殖のみを示し、間質浸潤、脈管浸潤、胸膜浸潤は示さない前浸潤性病変」と定義されています。AIS が呈する TS-CT 画像所見は、大きさが 30mm 以下、類円形、均一な GGO、辺縁明瞭で、緩徐に増大するという特徴があります。

　・異型腺腫様過形成（atypical adenomatous hyperplasia；AAH）…AIS と同様に前浸潤性病変で、「置換増殖する小型の限局した増殖性病変で、通常 5 mm 以下、軽度から中等度異型を有する肺胞上皮細胞が比較的疎に置換性増殖をしている病変」と病理学的に定義されています。AAH が呈する TS-CT 画像所見は、大きさが 5 〜 10mm 程度、類円形、均一な GGO、辺縁明瞭、経時的に大きさが変化しないという特徴があります。

　・限局性肺炎…（focal pneumonia）…限局性肺炎が pure GGN を呈する場合があります。これは、炎症細胞や滲出液により肺胞腔が不完全に充満することによる画像所見です。限局性肺炎が呈する TS-CT 画像所見は、大きさが 30mm 以下、不整形、腫瘍性病変に比べ辺縁は不明瞭なことが多く、時間経過とともに消退傾向を示すという特徴があります。

PSN を呈する代表的な疾患には次のものがあります。

・浸潤性腺がん（invasive adenocarcinoma）…この中でも、微小浸潤性腺がん（minimally invasive adenocarcinoma；MIA）と置換型腺がん（lepidic adenocarcinoma）が PSN を呈します。いずれも病理学的には、腫瘍細胞が肺胞壁に沿って 1 層に増殖する像が優位な腺がんで、腫瘍内部に浸潤巣を伴うのが特徴です。浸潤巣部分が 5 mm 以内のものを MIA とし、浸潤巣部分が 5 mm を超えるか、浸潤が 5 mm 以下でも腫瘍径全体が 30mm を超える場合は置換型腺がんと定義されています。PSN では、内部の充実部分が病理学的な浸潤領域や虚脱線維化領域に相当します。

・限局性線維化巣（focal fibrosis）…限局的な器質化肺炎（organizing pneumonia）と同義です。病理学的には、肺胞壁に炎症細胞の浸潤や線維化が観察されます。

・転移性肺腫瘍

・リンパ腫

・サルコイドーシス

●検査・診断

したがって、以上のことから部分充実型肺結節と充実型肺結節は、一定の経過観察期間内に 2 mm 以上の増大傾向が認められれば、肺生検が実施されて確定診断されるものと考えられます。加えて、結節の最大径が 15mm 未満の pure GGN であっても、充実部分の出現、2 mm 以上の増大、濃度上昇傾向があるならば、肺がんを疑い確定診断することになるでしょう。

一般にがん性の GGN と非がん性の GGN との鑑別において、経過観察は有用な方法です。急性の炎症では、数週間から 1 ヵ月単位で陰影は消退傾向を示します。AAH と限局性線維化巣は経時的な画像変化は

認められません。一方、AIS、MIA と置換型腺がんでは増大を認めることが多いようです。なお、肺がんの可能性は、腫瘍径が 20mm を超えると約 50%、30mm を超えると約 90%との報告もあります。

参考：日本 CT 検診学会編「低線量 CT による肺がん検診の肺結節の判定基準と経
　　　過観察の考え方 第 5 版」
　　　Kobayashi, Yoshihisa, et al. How Long Should Small Lung Lesions of
　　　Ground-Glass Opacity be Followed? Journal of Thoracic Oncology：
　　　March 2013 - Volume 8 - Issue 3 - p 309-314

⑨胃粘膜下腫瘍
＝死亡保険は削減条件や保険料割増、がん保険等は加入困難

Q 55歳の男性です。2年前から人間ドックで「胃粘膜下腫瘍」の指摘を受けています。毎年1年後の再検査が指示されていますが、生命保険と医療保険に加入できるでしょうか。

A 人間ドックで上部消化管内視鏡検査を受けて胃粘膜下腫瘍を指摘されたものと思います。胃粘膜下腫瘍は、内視鏡検査時に生検を行うのが困難なことから、腫瘍の大きさが2cm未満であれば、経過観察の指示となると考えられます。それ以外であれば手術による摘出が勧められます。

　将来に切除する可能性がある粘膜下腫瘍があることから、死亡保険は削減条件や軽度の保険料割増となるでしょう。特定疾病保険とがん保険の加入は困難です。医療保険は胃の部位不担保となります。手術後であれば、病理組織診断名を含む主治医の診断書を取り寄せるとよいでしょう。

[告知のポイント]
　1．診断名（分かれば病理組織診断名）
　2．大きさ
　3．手術の有無
　4．医療機関名

[解　説]

●疾患概念・原因

　胃粘膜下腫瘍（submucosal tumor；SMT）とは、胃粘膜下の間質組織から発生する消化管間葉系腫瘍（gastrointestinal stromal tumor；GIST）を始めとした腫瘍性病変の総称です。胃X線検査や上部消化管内視鏡検査で発見される機会が増えています。多くは症状を呈する前の段階の無症候性の胃SMTです。治療対象となるSMTは主にGISTであることから、GISTを正確に鑑別診断することが重要です。

●粘膜下腫瘍●

粘膜層
粘膜下層
固有筋層
漿膜層

腫瘍　　腫瘍

●症状・疫学

　日本では胃がんの健康診断が浸透しているため、胃粘膜下腫瘍（SMT）の発見される頻度が欧米に比べて高く、上部消化管内視鏡検査例の約3％がSMTと診断されます。胃SMTは総称であり、これには、良性から悪性のものまで、さまざまな種類の腫瘍が含まれていることに注意が必要です。たとえば、GIST、平滑筋腫^{*1}、神経鞘腫^{*2}、脂肪腫^{*3}、迷入膵^{*4}、囊胞、壁外圧迫など病理学的には腫瘍といえない病変まで含まれます。

●検査・診断

　一般に胃SMTの治療方針は、その腫瘍径が2cm未満で、潰瘍形成、辺縁不整、増大傾向などの悪性所見がなければ、年1～2回の画像

検査による経過観察とされています。したがって、人間ドック等で複数年にわたり経過観察となっている場合は、増大傾向のない腫瘍径が2cm未満の胃SMTの可能性が高いと考えられます。

　腫瘍径が2～5cmの胃SMTについては、次のような精査が勧奨されています。

・超音波内視鏡検査（endoscopic ultrasonography；EUS）
・EUSガイド下穿刺吸引細胞診（EUS-guided fine needle aspiration；EUS-FNA）
・造影CT検査

　超音波内視鏡検査による画像診断で、大半のSMTは鑑別診断される。一般に2～5cmの胃SMTは相対的手術適応です。

　したがって、胃SMTの手術適応は有症状あるいは5.1cm以上のSMT、もしくは生検にてGISTと診断されれば絶対的手術適応となります。その他、悪性所見のあるものも手術適応です。たとえば、内視鏡検査やX線検査で潰瘍形成、辺縁不整、増大傾向にあるもの、CT検査で壊死・出血、辺縁不整、実質不均一があるもの、超音波内視鏡検査で実質エコー不均一、辺縁不整、リンパ節腫大があるものです。

●治療・予後

　SMTの治療は、外科的切除または抗腫瘍薬による薬物療法に分けられます。基本的に局所病変は外科的切除、診断時に転移や播種を認める症例あるいは術後再発症例は化学療法が考慮されます。

＜外科的切除＞

①内視鏡的粘膜下層剥離術（EMR、EMR-L、ESD）
②腹腔鏡・内視鏡合同手術（LECS）
③開腹手術

術後は、病理組織診断の免疫染色により、GIST、孤立性線維性腫瘍[*5]（solitary fibrous tumor；SFT）、平滑筋腫瘍、神経鞘腫などの腫瘍を鑑別診断します。

　GIST の治療は、組織診断が確定した切除可能な原発病変について、手術が第一選択です。術後は、再発リスク評価に基づき、経過観察または術後補助化学療法が実施されます。手術適応でない場合は、イマチニブ投与による内科治療が行われます。一般に、再発 GIST や転移 GIST は手術適応とはなりません。

　完全切除後の GIST でフレッチャー分類の再発高リスク群と評価されるか、腫瘍破裂を認める症例に対して、3年間のイマチニブ術後補助化学療法が行われます。補助化学療法終了後の2年間は再発リスクが高いことから、4～6ヵ月に1回の経過観察を実施します。

　したがって、GIST の術後は術後補助化学療法が終了して2年間経過後、つまり術後5年経過後に生命保険の引受が可能となると思います。がん保険は引受不可です。

●胃 SMT の治療方針●

手術適応	有所見 5.1cm 以上 病理診断が GIST 悪性所見あり
経過観察	2cm 以下で悪性所見なし
相対的手術適応	2～5cm

参考：GIST 診療ガイドライン
参考：GIST 研究会　胃粘膜下腫瘍の治療方針

■胃粘膜下腫瘍・用語解説■

＊1：平滑筋腫（へいかつきんしゅ）

　平滑筋腫は、消化管を構成する平滑筋から発生した良性腫瘍です。胃の平滑筋腫瘍は全胃腫瘍の0.5％を占める稀な腫瘍です。なお、平滑筋肉腫は悪性です。

＊2：神経鞘腫（しんけいしょうしゅ）

　神経鞘腫は、末梢神経の構成細胞であるシュワン細胞由来の良性腫瘍で、緩徐に増殖します。胃の神経鞘腫は稀な胃粘膜下腫瘍の1つです。

＊3：脂肪腫（しぼうしゅ）

　脂肪腫は、表面平滑な黄色調の柔らかい粘膜下腫瘍の1つで、内部が均一な腫瘍です。小腸に発生すると、しばしば腸重積の原因となります。

＊4：迷入膵（めいにゅうすい）

　迷入膵は、過誤腫とも呼ばれ、胃の裏側にある膵臓を起源とする腫瘍です。胎児期の分化段階で、膵臓組織の一部が胃の筋層に誤って入り込んだものです。

＊5：孤立性線維性腫瘍（こりつせいせんいせいしゅよう）

　孤立性線維性腫瘍（solitary fibrous tumor of the pleura；SFT）は、成人に発生する比較的稀な腫瘍で中皮細胞由来の中皮腫です。主に胸膜に発生します。半数以上は無症状で、90％近くは良性です。胸膜以外からの発生は稀ですが、胸腔内、腹腔内、四肢、髄膜、頭部、頸部など、体のさまざまな部位の皮下軟部組織や深部組織に発生することもあります。

⑩ C型慢性肝炎
（しーがたまんせいかんえん）
＝障害の程度が軽く線維化も進行していなければ加入の可能性も

Q 45歳の男性です。1年前にC型肝炎ウイルスの除菌治療を行い、「C型慢性肝炎」が完治しました。生命保険に加入できるでしょうか。

A C型慢性肝炎は、ウイルス性肝炎の一つであり、C型肝炎ウイルスにより肝機能障害が6ヵ月以上持続したときに慢性肝炎と診断されます。したがって、C型肝炎ウイルスに初めて罹患していることが分かったときから、C型慢性肝炎が完治といわれたときまでの罹患期間が重要となります。

　つまり、何年間にわたって肝機能障害が続いていたのかが分かるように告知するとよいでしょう。肝機能障害の程度が軽く、肝臓の線維化も進行していないことが分かれば、無条件から軽度の特別条件付きで生命保険に加入できると思います。

[告知のポイント]
1. 正式病名
2. 初めてC型慢性肝炎と診断された時期
3. 入院の有無と治療内容（インターフェロン治療の有無と時期）
4. 最新の血液検査値（肝機能検査（GOT、GPT、γ-GTP））
5. 肝炎ウイルス検査（HCV-RNA定量）
6. 腹部超音波検査の所見
7. 医療機関名

［解　説］

●検査・診断

　一般にC型慢性肝炎の診断は、人間ドックなどの血液検査で、C型肝炎ウイルス抗体（HCV抗体）が陽性により診断が始まります。

　慢性肝炎とは、臨床的に<u>6ヵ月以上の肝機能検査値の異常とウイルス感染が持続している</u>病態をいいます。したがって、<u>HCV-RNAが陽性</u>でGPT（ALT）値の上昇（30IU/L超）が半年以上持続すれば、C型慢性肝炎と診断できます。組織学的には、門脈域にリンパ球を主体とした細胞浸潤と線維化を認め、肝実質内には種々な程度の肝細胞の変性・壊死所見を認めます。

　そして、この組織所見においては、線維化と壊死・炎症所見を反映させて次の表（新犬山分類）のように分類します。<u>新犬山分類（1996）</u>は、慢性肝炎における肝組織所見の評価基準です。

　したがって、肝臓の線維化と活動性がない状態であれば、F0A0と評価されます。この評価は肝臓の生検を実施しないと判断できません。それ以外の評価方法と考えられるものには、次のようなものがあります。

　・血小板数…C型慢性肝炎は、肝臓の線維化が進行するほど肝がんを発症しやすいことが知られています。血小板数は、肝臓の線維化の程度と関連しています。特に血症板数が10万/μL未満の場合には、肝硬変が疑われます。慢性肝炎や肝硬変で肝臓の線維化が進展すると、肝臓の血流が悪くなり、脾臓での血小板の破壊が亢進して血小板が減少するからです。

　・ヒアルロン酸値…C型慢性肝炎で肝臓の線維化が進行するとヒアルロン酸の値が上昇します。関節リウマチの合併がないとき、ヒアルロン酸値130ng/mL以上の場合には、肝硬変が強く疑われます。

　・慢性肝炎と肝硬変の判別式…最も正確な確定診断は肝生検によりますが、血液検査のみで肝硬変を判別する式が厚生労働省非A非B型肝

●C型慢性肝炎の分類●

線維化 (staging)	線維化の程度は、門脈域から線維化が進展し小葉が改築され肝硬変へ進展する段階を、次の４段階に区分する。 ①線維化なし（F0） ②門脈域の線維性拡大（F1） ③線維性架橋形成^{*1}（bridging fibrosis）（F2） ④小葉のひずみを伴う線維性架橋形成（bridging fibrosis）（F3） さらに結節形成傾向が全体に認められる場合は、 ⑤肝硬変（F4） と分類する。
活動性 (grading)	壊死・炎症所見はその程度により、次の４段階に区分する。 ①活動性なし（A0） ②軽度活動性（A1） ③中等度活動性（A2） ④高度活動性（A3） すなわち、活動性の評価はピースミールネクローシス（piece meal necrosis）、小葉内の細胞浸潤と肝細胞の変性ならびに壊死（spotty necrosis, bridging necrosis など）で行う。

炎研究班により開発されています。慢性肝炎と肝硬変の判別式は次のとおりです。

判定値　＝

[　0.124　x　γグロブリン（％）の値　]
＋　[　0.001　x　ヒアルロン酸（μg/L）の値　]
－　[　0.413　x　性別係数（男性は１、女性は２を使用）　]
－　[　0.075　x　血小板数（万/μL）の値　]
－　2.005

　この判別式で、判定値＞0 であるとき、肝硬変と判断されます。逆に、判定値＜0 であれば慢性肝炎と判断されます。肝線維化ステージの判定方法として、味の素株式会社が特許を取得し臨床治験などで使用し

ているようです。

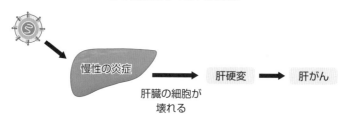

●C型肝炎ウイルス感染●

慢性の炎症 → 肝硬変 → 肝がん

肝臓の細胞が
壊れる

　J・ファイブロスキャン（FibroScan）検査…これは、肝臓の線維化
を非侵襲的に測定するためのパルス振動波を用いた超音波検査です。肝
臓の組織内伝導速度を測定します。肝臓の硬度が弾性値 kP（キロパス
カル）として定量的に数値化され、F0 では 5 kPa 以下、F1 で 7 kPa、
F2 で 13kPa、F3 で 18kPa、F4 で 22kPa と、肝臓組織の線維化が進
行するにしたがって測定値が上昇することが知られています。この弾性
値は「皮下 2.5cm から 6.5cm の高さ 4.0cm、直径 1 cm の円柱」の領
域から測定しているため、肝生検よりも広い領域を評価していることに
なります。

　・インターフェロン（interferon；INF）…これは、体内でウイルス
や腫瘍細胞などの異物の侵入に対して反応し細胞が分泌する蛋白質で
す。ウイルス増殖の阻止や細胞増殖の抑制、抗腫瘍作用、免疫系および
炎症の調節などの働きをするサイトカインの一種です。

　インターフェロンは、ウイルスの感染や dsRNA などによって直接誘
導されることが知られています。これらの細胞外での受容体としては
Toll 様受容体（TLR）で、その中でもエンドソームに存在する
TLR3、TLR7、TLR9 です。また、細胞内に存在する受容体としては
RIG-I、MDA-5 が関与し、これらが I 型インターフェロン（IFN-α、
IFN-β、IFN-ω、IFN-ε、IFN-κ）の発現を高めると考えられます。

　また体内にいろいろな抗原が侵入したとき、それに反応して IL-1、

IL-2、IL-12、TNF、CSF などのサイトカインが産生されますが、インターフェロンの産生はこれらのサイトカインによっても誘導されます。

●治療・予後

日本は肝臓がんの発生率が高い国の一つとされており、その主な原因がC型肝炎ウイルス（HCV）です。従来、C型肝炎ウイルスの治療は、インターフェロン（IFN）製剤、リバビリン（コペガス、レベトール）の併用療法が推奨されてきました。しかし近年、直接作用型抗ウイルス薬（DAAs）の使用が主流となってきています。これは、IFN を必要としない治療法（**IFN フリー治療法**）で、持続的ウイルス陰性化率（SVR）を向上させています。

DAA には、ダクラタスビル（商品名ダクルインザ錠 60mg）とアスナプレビル（商品名スンベプラ C100mg）の併用、レジパスビル・ソホスブビル配合製剤（商品名ハーボニー配合錠）などがあります。

HCV 感染者は世界で 1 億 7,000 万人、日本では 150 万～ 200 万人と推定され、このうち 70% がジェノタイプ 1 とされています。このジェノタイプ 1 に上記の DDA が特に有効であることが知られています。

さらに 2016 年 11 月 18 日に抗ウイルス薬エルバスビル（商品名エレルサ錠 50mg）、グラゾプレビル（グラジナ錠 50mg）の 2 剤が薬価収載と同時に発売されています。適応は「セログループ 1 （ジェノタイプ 1 ）のC型慢性肝炎またはC型代償性肝硬変におけるウイルス血症の改善」です。

この 2 剤の抗ウイルス作用は、HCV の複製や細胞内シグナル伝達経路を調節する蛋白質を阻害することにあります。

さて、C型肝炎患者が DAA による多剤併用療法の結果として 12ヵ

月以上SVRを維持できているとすると、生命保険会社の新契約の引受査定はどのように変わるでしょうか。実際、大半の臨床試験がDAAによる多剤併用療法の有効性を示唆しています。

たとえば、ジェノタイプ1のC型慢性肝炎患者を対象としたエルバスビルとグラゾプレビルの12週併用療法のウイルス学的持続陰性化（SVR）は高く、国内第3相臨床試験では96.5～97.1％と報告されています。米国でも同様の結果報告があります。

新契約の引受査定は、おそらくHCVに対するDAA治療を受けた生命保険申込者をほぼ標準体での引受可能となると思われます。しかし鍵となる要因は、基礎疾患となる肝臓病変の広がりです。肝硬変治療中の患者であれば、なおさら大きな関心事となります。というのも、たとえ肝炎ウイルスが存在しなくても、肝硬変は肝細胞がん発症のリスクとなるからです。

最大の制約因子は、DAAの膨大な費用です。たとえば、2015年9月に発売されたC型肝炎治療薬ハーボニー配合錠は、当初1錠約8万円と高額だったことから、国民医療費を圧迫すると批判されました。このため、年間売上1,000億円超となる薬価を大幅に引き下げる厚生労働省の特例対象となり、16年4月から、5万4,796円になりました。それでも、依然として高額な薬剤であることには変わりはありません。

さらには、この高額な薬剤の偽造品も出回るようになったようです。2017年1月17日に厚生労働省は、C型肝炎治療薬「ハーボニー配合錠」の偽造品が奈良県内の薬局チェーンで発見されたと発表しました。これも、ハーボニー配合錠が高額ゆえに一儲けしようとした悪い奴らがいるということでしょう。食品偽装ならぬ薬剤偽装です。

ハーボニー配合錠を製造・販売するギリアド社（GILEAD）も、テレビCMで「C型肝炎のない明日へ」と題して最短12週間で飲み薬のみの治療により治癒を目指せると喧伝しています。過日、新契約の告知

書で、「Ｃ型肝炎　４週間の服薬治療で完治」という告知を見ました。早ければ４週間で HCV-RNA が陰性つまりウイルスが検出できなくなるようです。

●HCV 遺伝子別 12ヵ月 SVR●

遺伝子型	全症例	肝硬変	慢性肝炎 治療歴なし	慢性肝炎 治療歴あり
1	93%	91%	93%	93%
2	86%	77%	88%	80%
3	75%	68%	78%	69%
4	90%	84%	88%	93%

出典：Gastroenterology,151（2016）：457-471, e5

　したがって、現在 HCV-RNA（-）[注] で肝機能も基準値以内であったとしても、肝硬変の有無が肝がん発生リスクを左右する大きな予後因子であることには変わりありません。慢性Ｃ型肝炎の罹患期間を考慮すべきことはいうまでもありません。

注：HCV-RNA 定量（Log IU/ml）＜ 1.2 で検出せず。測定下限（1.2Log IU/ml）
　　未満で、HCV 増幅反応シグナルを検出しない状態をいう。

──■Ｃ型慢性肝炎・用語解説■──────

＊1：線維性架橋形成（せんいせいかきょうけいせい）
　病理組織診断において、肝臓間質の線維化により小葉構造が壊されて起こる門脈域と中心静脈を巻き込んだ歪みをいいます。

⑪ HBs 抗原陽性

<ruby>HBs<rt>えいちびーえす</rt></ruby> <ruby>抗<rt>こう</rt></ruby><ruby>原<rt>げん</rt></ruby><ruby>陽<rt>よう</rt></ruby><ruby>性<rt>せい</rt></ruby>

＝無症候性キャリアでは保険料割増、医療・がんは加入困難

Q 45歳の男性です。人間ドックの血液検査で「HBs 抗原陽性」になり、B型肝炎キャリアといわれています。生命保険、医療保険とがん保険に加入できるでしょうか。

A 一般に肝機能障害がなく HBs 抗原が陽性の場合、従来は「無症候性キャリア」と呼ばれました。この無症候性キャリアには、B型肝炎ウイルス（HBV）が肝臓に住みついている場合とそうでない場合の2つがあります。HBV-DNA 高値の無症候性キャリアと HBV-DNA 低値の無症候性キャリアがあると考えてください。

　セロコンバージョンを起こし HBV-DNA 低値の無症候性キャリアとなった場合は、臨床的に治癒した状態と以前は考えられていました。しかし HBV の場合、無症候性キャリアの方や慢性肝炎患者が、肝硬変を経ることなく肝細胞がんを発症する事例があることが分かってきました。原因として、HBV の DNA の一部が肝細胞の DNA に組み込まれ、がん細胞が発生すると考えられています。

　したがって、HBV の無症候性キャリア（非活動性キャリアを含む）では、肝細胞がんを起こすリスクがあることから、生命保険は保険料割増となり、医療保険とがん保険の加入は困難と思われます。

[告知のポイント]

1. 診断名（無症候性キャリア、非活動性キャリア、慢性Ｂ型肝炎）
2. HBV-DNA 量の値
3. 肝機能数値（GOT、GPT、γ-GTP）
4. HBe 抗原と HBe 抗体の有無
5. HBc 抗体値
6. HB コア関連抗原（HBcrAg）
7. 腹部超音波検査結果
8. 医療機関名

[解　説]

●疾患概念・原因

　慢性肝炎とは、肝臓の炎症つまり肝機能障害が６ヵ月以上持続する状態をいいます。この中で肝炎ウイルスが原因の慢性肝炎を「慢性ウイルス性肝炎」と呼び、Ｃ型肝炎ウイルスによるものが 70％、Ｂ型肝炎ウイルスによるものが 20％弱を占めています。

　Ｃ型とＢ型ともに慢性肝炎状態が持続すれば、肝臓の線維化が徐々に進行し、数十年の時間経過を経て肝硬変へと移行します。また、一般に慢性炎症は、前がん状態であり、がんを引き起こすと考えられているように、Ｃ型とＢ型慢性ウイルス性肝炎が持続することにより肝細胞がんの発症リスクも高くなります。

倦怠感

食思不振

吐き気

黄疸

B型肝炎ウイルスの感染経路は、下図のように母子感染と成人してからの感染が知られています。成人してからの感染は、性交渉や覚せい剤などでの注射針の打ち回しによる感染です。この中で20〜30％が急性B型肝炎を発症します。この急性肝炎後にB型肝炎ウイルスが排除され肝炎が鎮静化するのが一般的ですが、HBVゲノムタイプAの増加により、成人期での感染でも慢性B型肝炎へ移行する症例があります。

　また、急性肝炎を発症せず、不顕性感染[*1]から治癒となっていることが多いようです。この場合でも、人間ドックのスクリーニング検査でHBs抗原が陽性となります。そのため、他のB型肝炎ウイルスマーカーを調べて、持続感染または感染の既往かを見極める必要があります。

●B型肝炎の自然経過●

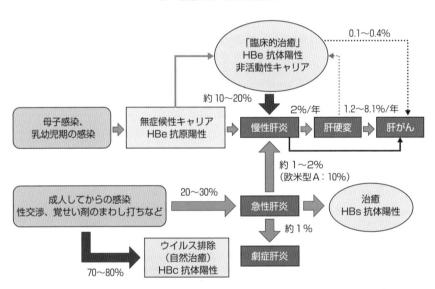

出所：慢性肝炎の治療ガイド2008引用改変、日本肝臓学会

　一方、母子感染した場合のB型肝炎の自然史は、一般に次のような経過となります。

　・無症候性キャリア → セロコンバージョン → 非活動性キャリア

●症状・経過

　B型肝炎の無症候性キャリアからセロコンバージョンを経て非活動性
キャリアとなる経過を以下に説明します。

●B型肝炎ウイルスの無症候性キャリアの経過●

※肝機能異常が6ヵ月以上持続して慢性化した状態が慢性肝炎

　母子感染などで乳児期に感染した場合は、若年のうちはウイルスを排
除する「免疫」が働かず、肝炎を発症しません。HBV-DNA量は高値
でHBe抗原が陽性となります。これをHBe抗原陽性の<u>無症候性キャ
リア</u>と呼びます。[免疫寛容期]

　肝炎を発症して血清ALT値が高値となることを「肝炎期」と呼びま
す。この肝炎期つまり肝機能異常が6ヵ月以上持続し慢性化した状態が
慢性B型肝炎です。一方「免疫」の働きでウイルスの増殖は抑えられ、
ウイルスの性質が変化するとHBe抗原が陰性化してHBe抗体が出現
します。この現象を<u>セロコンバージョン</u>（seroconversion）といいま
す。[免疫応答期]

　その後、ウイルスの増殖力がさらに低下し、血清HBV-DNA量が低
値になると、血清ALT値も正常化し肝炎は鎮静化します。HBs抗原も
減少して、臨床的には治癒した状態すなわちHBe抗体陽性の<u>非活動性</u>

<u>キャリア</u>となります。[低増殖期]

　非活動性キャリアは、臨床的には治癒状態ですが、10 ～ 20％の症例ではHBe 抗原陰性の状態で、肝細胞内に残っている HBV が再活性化し HBV-DNA 量が増加すると、肝炎が再燃し慢性 B 型肝炎（HBe 抗原陰性肝炎）から肝硬変・肝がんへと進展することもあります。非活動性キャリアであっても、定期的な経過観察が必要なのは、こうした理由だからです。一部の症例では HBs 抗原が消失し HBs 抗体が出現します。[寛解期]

　したがって、HBs 抗原陽性の状態をまとめると、人間ドック成績表で肝機能障害と HBs 抗原陽性であれば、慢性 B 型肝炎の可能性が考えられます。つまり、慢性肝炎として査定評価されると思います。

●検査・診断

　HBV の遺伝子解析により、現在では A から H までの 8 種類の遺伝子型（ゲノタイプ＝ genotype）が HBV にはあることが分かってきました。日本の HBV 無症候性キャリアに認められる遺伝子型はゲノタイプ B と C が主体で、特にゲノタイプ C が全体の約 85％を占めています。沖縄、東北ではゲノタイプ B が多く、全体の 10％程度を占めています。一方、欧米ではゲノタイプ A が主流です。近年日本でもゲノタイプ A が増加しているそうです。このゲノタイプ A による成人の急性 B 型肝炎は、慢性肝炎に移行しやすいことから、その増加が懸念されています。慢性化率は 10％程度です。

　欧米型の HBV ゲノタイプ A の増加は、外国との行き来が盛んになり、外国人との性行為により HBV が持ち込まれたことが原因だと考えられています。さらに、持ち込まれた HBV は日本人の間で定着し、性行為により感染が拡大していると推測されます。したがって、母子感染がなくなった現在、慢性 B 型肝炎は性行為感染症になったといえます。

非活動性キャリアとなったことを確実に証明するには、血清HBV-DNA量を検査することで、これが「検出せず」であればHBVが存在しないことを証明していることになります。また、毎回HBV-DNA量を測定する代用となるのが、HBコア関連抗原（HBcrAg）の検査です。これらの検査結果が良好であれば、HBVの非活動性キャリアとして、軽度の特別条件付きで保険加入も可能と考えられます。ただし、肝機能障害がないことが条件です。

●B型肝炎ウイルスマーカーの臨床的意義●

マーカー		臨床的意義
HBs抗原		・B型肝炎ウイルス感染状態（スクリーニング検査） ・抗ウイルス療法における治療効果、予後の判定
HBs抗体		・過去のB型肝炎ウイルス感染（既往感染） ・感染防御の目安 ・再活性化のスクリーニング検査
HBc抗体	低抗体価	・過去のB型肝炎ウイルス感染（既往感染） ・再活性化のスクリーニング検査
	高抗体価	B型肝炎ウイルスの持続感染（キャリア）
IgM型 HBc抗体	低抗体価	B型肝炎キャリアの急性増悪期
	高抗体価	B型急性肝炎
HBe抗原		・無症候性キャリア（免疫寛容期） ・活動性肝炎 ・一般に血中のウイルス量は多く感染力は強い
HBe抗体		・非活動性肝炎 ・非活動性キャリア ・一般に血中のウイルスは少なく、感染力は弱い
HBV-DNA		・血中のB型肝炎ウイルス量 ・抗ウイルス療法の適応、治療効果の判定
HBコア関連抗原 （HBcrAg）		・血中B型肝炎ウイルス量と相関するウイルス蛋白量 ・抗ウイルス療法における治療効果の判定 ・抗ウイルス療法中止の目安
HBVゲノタイプ （遺伝子型）		・治療効果、予後の予測 ・地域差あり

＊１：不顕性感染（ふけんせいかんせん）

　不顕性感染とは、細菌やウイルスなどの感染を受けたにもかかわらず、感染による症状を発症していない状態をいいます。若年者の新型コロナウイルス感染症（COVID-19）も大部分が無症状の不顕性感染です。

⑫胆石症
=無症状で経過観察指示のみなら無条件で加入できる

> **Q** 55歳の女性です。2年前から人間ドックの腹部超音波検査で、「胆石症」と指摘されています。現在は特に症状はありませんが、生命保険に加入できるでしょうか。

> **A** 胆石症は、結石のできた部位により保険加入の可否が変わってきます。一般に胆囊結石が一番多いのですが、人間ドックで見つかり指摘されてはいるものの、無症状で経過観察指示のみなら、生命保険と医療保険とも無条件で加入できるでしょう。肝内結石、胆管結石やミリッツィー症候群などは緊急手術の可能性もあり、特別条件付きとなると思われます。

[告知のポイント]
1. 正式病名
2. その病気が見つかった経緯（人間ドックで指摘、疝痛発作*1 など）
3. 入院の有無と期間
4. 治療内容
5. 手術の有無と術式

[解　説]
●疾患概念・原因

胆石（gallstones）とは、胆道系に形成された結石のことで、結石の部位により胆囊結石、総胆管結石、肝内結石などに分類されます。胆石

の発生頻度としては、胆嚢結石が一番多く全体の80％を占めます。次いで総胆管結石が20％で肝内結石はまれです。

　一般に胆石に関連する症状があるものを胆石症といいます。人間ドックなどの健康診断で偶然に見つかるものは無症候性胆石[*2]（silent stone）といいます。この無症候性胆嚢結石患者の90％は臨床的にも無症状のままです。

●胆石あれこれ●

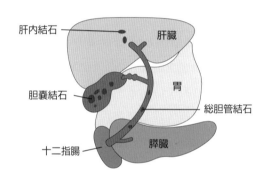

肝内結石
肝臓
胆嚢結石
胃
総胆管結石
十二指腸
膵臓

●疫学・症状・経過

　わが国の胆石保有率は増加していると推測され、胆嚢結石と肝内結石は男女比が逆転しているとの報告もあります。胆石症の好発年齢は中高年以降であり、加齢とともに胆石の保有率は増加し70歳では20％に認められます。一般に4F（Female、Forty、Fat、Fertile）つまり、全身状態の良好な40歳代の肥った女性に多いのが特徴とされています。

　無症状のこともありますが、胆嚢結石による症状は、食後や夜間に突発する右季肋部痛や心窩部痛が認められます。この痛みは、右肩や右背部に放散し、数十分から数時間持続することがあります。総胆管結石が起こると、胆汁の流れが障害されるため胆管の拡張や黄疸が見られます。胆嚢結石による胆嚢炎がひどくなると、胆機能障害や腹膜炎を併発することもあります。つまり、重症化すると急性胆嚢炎[*3]や急性胆管

炎を発症します。

●検査・診断

　血液検査で、ALP や γ-GTP などの胆道系酵素の上昇を認めます。腹部超音波検査で、音響陰影（acoustic shadow）を伴う高エコー像を認めます。腹部 CT 検査で高吸収の結石を認めます。純コレステロール結石は描出されません。

　MRCP または ERCP 検査で、結石に相当する陰影欠損像を認めます。胆嚢結石に対して PTC（percutaneous transhepatic cholangiography）を行うこともあります。胆道系に結石が証明されれば、胆石症と考えます。

　・MR 胆管膵管撮影（magnetic resonance cholangiopancreatography；MRCP）…非常に長い T2 値を持つ胆汁と膵液を高信号に描出する管腔撮影法です。造影剤を使わずに膵管胆管を非侵襲的に画像を得られる画期的な検査法です。

　・内視鏡的逆行性胆管膵管造影[*4]（Endoscopic retrograde cholangiopancreatography；ERCP）…内視鏡を使って胆管・膵管を造影する検査です。口から十二指腸まで内視鏡を入れ、その先は十二指腸乳頭からカテーテルを膵管・胆管に挿入します。カテーテルから造影剤を入れて、膵管や胆管の X 線写真を撮影します。

●治療・予後

　症状の有無、胆石の性状、合併症などの適応を考慮して治療法が決定されます。以下に「胆嚢結石」「総胆管結石」「肝内結石」それぞれの場合に分けて治療法を説明します。

　・胆嚢結石…発生部位頻度は約 80％で胆石症の太宗を占めます。コレステロール結石が多いのが特徴です。無症候性の場合には経過観察を

します。臨床症状がある場合には、腹腔鏡下胆嚢摘出術や開腹下胆嚢摘出術を行います。胆石発作急性期には、NSAIDs、抗コリン薬などを用います。開腹手術をしない場合には、ウルソデオキシコール酸（UDCA）による胆石溶解療法や体外衝撃波結石破砕療法（ESWL）が行われます。

　・ミリッツィー（Mirrizi）症候群…胆嚢頸部の結石による圧排と炎症による総胆管狭窄を起こした病態です。本疾患は術前診断が困難で、腹部超音波検査による診断率は 20％程度です。一般に MRCP と CT 検査の併用が有意に優れています。ミリッツィー（Mirrizi）症候群はタイプⅠ型からⅣ型に大別され、Ⅱ型からⅣ型では胆嚢胆管瘻が形成されます。

　・総胆管結石…発症部位頻度は 10％強で、胆嚢で生成された結石が移動したものがほとんどです。まれに総胆管原発の結石があり、この場合はビリルビンカルシウム結石が多いです。症状の有無にかかわらず、内視鏡的治療を原則行います。内視鏡的乳頭切開術（EST）または内視鏡的乳頭バルーン拡張術（EPBD）のいずれかと内視鏡的砕石術を行います。

　急性胆管炎の多くは、結石による胆管閉塞と胆汁中の細菌増殖により起こります。一般に胆道感染は、収縮機能が低下した十二指腸乳頭からの逆行性の細菌侵入によるものですが、ときに門脈を経由して肝細胞類洞から胆道に侵入することもあります。健常人では胆汁中に細菌が入っても胆管炎を発症しません。というのも、胆汁酸や胆汁中に分泌される IgA に抗菌作用があるからです。

　・肝内結石症…肝内胆管がんのリスクファクターです。というのも肝内結石症は、肝内胆管がんを合併する頻度が高く、また治療後の経過観察中にも肝内胆管がんを発症することも多いからです。したがって、肝内胆管がんの合併を念頭において対応する必要があります。手術として

は、肝部分切除や経皮経肝胆道鏡的結石切除術^{＊5}（PTCSL）を行います。日本では減少傾向にあり、頻度は数％と考えられています。

─■胆石症・用語解説■────────────────────

＊1：疝痛発作（せんつうほっさ）

　疝痛とは、周期的に反復する内臓痛のことです。いわゆる"さしこみ"のことで、管状の消化管や中空臓器を構成する平滑筋の異常収縮が原因と考えられています。

＊2：無症候性胆石（むしょうこうせいたんせき）

　無症候性胆石とは、無症状の胆嚢内結石のことで、腹部超音波検査で偶然に発見されます。1年間に無症候性胆石患者の1～2％が、急性胆嚢炎・急性胆管炎・高度黄疸・膵炎などの重篤な合併症を起こすといわれています。

＊3：急性胆嚢炎（きゅうせいたんのうえん）

　急性胆嚢炎とは、急激に発症する胆嚢の炎症で、一般に胆石が胆嚢管を閉塞することで起こります。症状は右上腹部の疝痛発作です。

＊4：内視鏡的逆行性胆管膵管造影（ないしきょうてきぎゃっこうせいたんかんすいかんぞうえい）

　内視鏡的逆行性胆道膵管造影（endoscopic retrograde cholangiopancreatography；ERCP）は、経口的に内視鏡を十二指腸まで挿入し、ファーター乳頭から主膵管と総胆管へカテーテルを挿入し、そのカテーテルから造影剤を注入することで主膵管と総胆管を造影する検査です。

＊5：経皮経肝胆道鏡的結石除去術（けいひけいかんたんどうきょうてきけっせきじょきょじゅつ）

　経皮経肝胆道鏡的結石除去術（percutaneous transhepatic cholan

gioscopic lithotomy；PTCSL）は、肝内結石に対する非手術的治療の
1つであり、経皮経肝胆道ドレナージの瘻孔を利用して結石除去術を施行
する方法です。

⑬原発性胆汁性胆管炎
＝無症候性なら軽度特別条件付から無条件で加入できる

Q 50歳の女性です。人間ドックで肝機能障害が指摘され、精密検査の結果、「原発性胆汁性胆管炎（PBC）」と診断されました。皮膚掻痒感*1を感じることがありますが、特に症状はありません。ウルソを処方されて飲んでいます。保険の加入に問題があるでしょうか。

A 肝機能障害は、ALPとγ-GTPなどの胆道系酵素優位の上昇があったものと思います。その他に赤沈亢進、血清 IgM 高値も見られ、特異的な所見として、血中抗ミトコンドリア抗体（AMA）が陽性となります。その陽性頻度は 90 ～ 95％となります。早期に診断される症例では無症候性 PBC のものが 80％を占め、長年無症状で経過して予後が良好と考えられています。緩徐進行型の無症候性原発性胆汁性胆管炎と分かれば、軽度特別条件付から無条件で保険に加入できる可能性があります。

[告知のポイント]
1. 診断名と臨床病期（症候性、無症候性のいずれか）
2. 肝機能検査数値（GOT、GPT、γ-GTP、ALP）
3. 直近のビリルビン値
4. シェーグレン症候群、自己免疫性肝炎などの合併の有無
5. 治療内容

［解　説］

●疾患概念・原因

　原発性胆汁性胆管炎（Primary biliary cholangitis；PBC、旧称：原発性胆汁性肝硬変（Primary biliary cirrhosis））は、病因が未解明の慢性進行性の胆汁うっ滞性肝疾患で、胆汁うっ滞に伴い肝実質細胞の破壊と線維化を生じ、最終的には肝硬変から肝不全を呈する病態と考えられてきましたが、現在、PBCと診断されている患者の多く（70〜80％）には自覚症状はなく、無症候性PBCと考えられています。このため、2016年から病名が原発性胆汁性肝硬変から原発性胆汁性胆管炎へと変更されました。

●原発性胆汁性胆管炎●

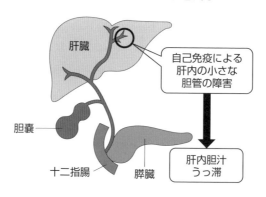

肝臓

自己免疫による
肝内の小さな
胆管の障害

胆嚢

十二指腸　　膵臓

肝内胆汁
うっ滞

●疫学・症状・経過

　早期に診断される症例では、無症候性PBCのものが80％を占めます。この無症候性PBCは、長年無症状で経過して予後が良好と考えられています。症候性PBCの初発症状としては、約50％の症例で黄疸に先行する皮膚掻痒感が見られます。黄疸は出現すると、消褪することなく漸増していきます。また肝臓は中等度に腫大し、しばしば脾腫も見られます。

肝機能障害から疲労倦怠感を感じるようになります。病状が進行すると、腹水、浮腫、食道胃静脈瘤*2 など、門脈圧亢進*3 の症状が現れるようになります。PBC は女性に多く、中年以降の女性に好発します。症状の有無により次の 2 つに分けられます。

　・無症候性原発性胆汁性胆管炎（asymptomatic PBC；aPBC）…肝障害に基づく自覚症状がない PBC 患者で、無症状のまま数年以上経過します。無症候性 PBC の約 10 ～ 40%（5 年間で約 25%）は症候性 PBC へ移行することから、長期の療養が必要です。

　・症候性原発性胆汁性胆管炎（symptomatic PBC；sPBC）…皮膚掻痒感、黄疸、食道胃静脈瘤、腹水、肝性脳症*4 など肝障害に基づく自他覚症状を有する PBC 患者を指します。特に、2 mg/dL 以上の高ビリルビン血症を呈するものを s2PBC、それ未満を s1PBC と呼びます。

●検査・診断

　検査所見としては、初期に血清ビリルビン値が上昇していなくても、血清アルカリホスファターゼ（ALP）、γ-GTP などの胆道系酵素や血清総コレステロール値の上昇が見られます。血清ビリルビンは発症時には平均約 4 mg/dl 程度ですが、経過とともに増加していきます。赤沈亢進、血清 IgM 高値も見られ、特異的な所見として、血中抗ミトコンドリア抗体（AMA）が陽性となることで、陽性頻度は 90 ～ 95% となります。

　その他、血中免疫複合体増加、抗核抗体陽性や他の自己抗体が出現することもあります。もちろん肝炎ウイルスマーカーは陰性です。AST と ALP が異常に高いときは、自己免疫性肝炎（AIH）の合併（AIH-PBC オーバーラップ症候群）を考慮します。腹部超音波検査や CT 検査などで肝外胆管に異常を認めません。

原発性胆汁性胆管炎の診断基準（平成 27 年度）によると、次のいずれか一つに該当するものを PBC と診断します。

①組織学的に CNSDC を認め、検査所見が PBC として矛盾しないもの^(注1)

② AMA が陽性で、組織学的には CNSDC の所見を認めないが、PBC に矛盾しない組織像を示すもの^(注2)

③組織学的検索の機会はないが、AMA が陽性で、しかも臨床像（自覚症状、血液・生化学検査所見、合併症を総合したもの）および経過から PBC と考えられるもの

注1：CNSDC は慢性非化膿性破壊性胆管のこと。検査所見が PBC として矛盾しない：血液検査所見で慢性の胆汁うっ滞所見（ALP、γ GTP）
注2：PBC に矛盾しない組織像：胆管消失、肉芽腫など

●治療・予後

胆汁排泄促進薬であるウルソデオキシコール酸（ウルソ）の服用を行い、効果判定は AST・ALP・γ-GTP・ビリルビン値の減少で確認します。痛痒感に対しては、コレスチラミンを服用します。ステロイド剤は、自己免疫性肝炎を合併する場合には使用しますが、女性で閉経後の骨粗鬆症^{*5} を促進するため使わないことが多いです。

本症の予後はこれまでは診断確定後、約 5 年で死亡の転帰をとるといわれていましたが、最近では比較的早期に診断される例が増えています。とくに無症候性 PBC では、健康人と変わりない生存期間が期待できるといわれています。多くの PBC 患者は肝硬変に至らず胆管炎の状態に留まっています。

┌─── ■原発性胆汁性胆管炎・用語解説■ ───

*1：皮膚掻痒感（ひふそうようかん）
　皮膚のかゆみのことです。黄疸などが原因で掻痒感が起こることがあります。

*2：食道胃静脈瘤（しょくどういじょうみゃくりゅう）
　肝硬変の重大合併症の1つで、門脈圧の亢進から腸間膜静脈から門脈へ戻る血液が肝臓を迂回するために、胃静脈や下部食道静脈に回ることで当該部位に静脈瘤が形成される病態のこと。この静脈瘤が破裂すると、肝硬変患者は口から吐血して死亡します。

*3：門脈圧亢進（もんみゃくあつこうしん）
　門脈圧亢進とは、腸から肝臓に向かう太い静脈である門脈とその分枝の血圧が非常に高くなる病態です。門脈圧亢進症の一般的原因は、肝硬変です。門脈圧亢進により、腹水による腹部膨隆、腹部不快感、錯乱、消化管出血などが起こります。

*4：肝性脳症（かんせいのうしょう）
　肝性脳症とは、非代償性肝硬変の症状の1つで、血液中のアンモニアが肝臓で代謝できないことから、高アンモニア血漿を起こし、中枢神経系の機能障害に至る病態のこと。

*5：骨粗鬆症（こつそしょうしょう）
　骨粗鬆症は、長年の生活習慣などにより骨が弱くなる病気です。骨粗鬆症の初期は何の症状もありませんが、加齢とともに腰や背中が曲がり痛みを覚えるようになります。さらには、骨折を起こして寝たきりの原因にもなります。骨粗鬆症は、閉経期以降の女性や高年齢の男性に多いですが、若年者でも栄養や運動不足、副腎ステロイド剤などの影響で罹患することもあります。

⑭膵嚢胞
＝膵炎の合併症としての嚢胞なら生保等に加入の可能性も

> **Q** 50歳の男性です。人間ドックの腹部超音波検査で「膵嚢胞」を指摘されました。生命保険と医療保険に加入したいのですが、問題ないでしょうか。

A 膵嚢胞とは、膵臓の内部や周囲にできる液体を蓄えた球状の"袋"です。一般に臨床症状はなく、人間ドックの腹部超音波検査、CT検査やMRI検査などにより偶然発見されることが多くなりました。今ほど画像診断が発達していなかった頃には、腹痛などの臨床症状を契機として膵嚢胞が診断されていました。

　急性膵炎や慢性膵炎に伴ってできる炎症性膵嚢胞[*1]は良性疾患ですが、一方で、炎症とは関連のない腫瘍性膵嚢胞[*2]というものがあります。したがって、炎症による膵嚢胞と腫瘍により分泌された粘液が貯留した膵嚢胞を鑑別することが重要です。また膵嚢胞は、糖尿病、慢性膵炎などと同じように膵がん発症の危険因子と考えられています。

　したがって、膵嚢胞の存在は膵炎の既往あるいは膵腫瘍を疑わせる所見であり、これらの原因疾患により引受査定の評価が変わります。よって、精密検査後で急性膵炎や慢性膵炎の合併症としての膵嚢胞であることが判明するまでは、引受不可となるでしょう。腫瘍性膵嚢胞ではなく、複数年にわたり嚢胞の大きさと数に変化がなければ、生命保険には加入できる可能性があります。医療保険については、膵臓の部位不担保になると思います。

[告知のポイント]

1. 正式病名（膵嚢胞の原因疾患名）
2. 人間ドックの受診時期
3. 精密検査の有無　分かれば検査内容とその所見
4. 今後の指示内容
5. 医療機関名

[解　説]

　膵嚢胞（pancreatic cyst）は、膵臓の実質や外部に形成される袋状の組織であり、急性膵炎、慢性膵炎や外傷性膵管損傷の炎症に伴って発生することが多いです。症状がなければ、CT検査やMRI検査により偶然に発見されます。病理学的に非腫瘍性の膵嚢胞には、仮性嚢胞、先天性嚢胞、貯留嚢胞があります。

　一方、膵臓で作られた膵液を十二指腸へと流す膵管粘膜に粘液を産生する腫瘍細胞ができ、この粘液が膵内に貯まって袋状に見えるものもあります。これが腫瘍性膵嚢胞です。

　すなわち膵嚢胞には、炎症から起こる炎症性膵嚢胞（非腫瘍性膵嚢胞）と、腫瘍である真正膵嚢胞（腫瘍性膵嚢胞）があり、この2つを区別することが重要です。なお、膵嚢胞の解剖学的な違いは次のとおりです。

　・真正膵嚢胞…嚢胞壁内腔面に上皮細胞を認める
　・仮性膵嚢胞…嚢胞壁内腔面に上皮細胞を認めない

　次頁以降、「急性膵炎」「慢性膵炎」「膵嚢胞性腫瘍」について説明します。

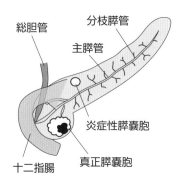

●炎症性膵嚢胞と真正膵嚢胞●

総胆管

分枝膵管

主膵管

炎症性膵嚢胞

真正膵嚢胞

十二指腸

＜急性膵炎＞

●疾患概念・原因

　急性膵炎とは、働き盛りの人がなりやすく、アルコール多飲や過食を誘因として、みぞおちから左上腹部にかけて急激に激しい痛みが起こり発症する疾患です。種々の原因により膵酵素が活性化され膵臓組織を自己消化することが病態の本質です。

　重症の場合（重症急性膵炎）には、血圧下降・頻脈・冷汗が起こり、多臓器不全（MOF）となり死に至ることもあります。胆石症が急性膵炎の原因となる場合もあります。アルコール性膵炎は男性に多く、胆石性膵炎は女性に多いです。危険因子としては、アルコール、胆石、ERCPなどの内視鏡検査、消化管手術、薬剤、高脂血症（中性脂肪）、HIV感染などが考えられています。

●疫学・症状・経過

　急性膵炎の発生頻度は人口10万人当たり27.7人で、男女比は2.2：1と男性に多く、好発年齢は男性で50歳代、女性で70歳代です。また、急性膵炎後に滲出液が貯留する頻度は40%で、最終的には約10%で仮性嚢胞が形成されるとの報告があります。

急性膵炎の症状には、上腹部（特に心窩部^{＊3}）の激痛、麻痺性イレウス^{＊4}、悪心・嘔吐、背部痛、などがあります。心窩部から背部の持続性の腹痛は、胸膝位で軽減し、アルコールや脂肪摂取で増悪、発熱し重症化すると、次のような皮下出血斑が観察されることがあります。

　・カレン徴候（Cullen 徴候）…膵液によって組織が自己融解を起こし、血性滲出液が臍周囲の皮下組織に沈着して暗赤色に染まる。

　・グレイ・ターナー徴候（Grey-Turner 徴候）…膵液によって組織が自己融解を起こし、血性滲出液により左側腹部の周囲が暗赤色に染まる。

●検査・診断

　腹部の診察で、腹痛、筋性防御、腸雑音低下などが認められます。血液検査では、血清アミラーゼ上昇、血清リパーゼ上昇、血清エラスターゼ上昇、ACCR 上昇が見られます。腹部 X 線検査で、colon cut-off sign^{（注1）}や sentinel colon sign^{（注2）}が見られ、腹部超音波検査や CT 検査で、膵臓腫大と輪郭の不明瞭化が認められたとき、急性膵炎と診断します。

注1：colon cut-off sign：膵臓に接した横行結腸が蠕動運動を低下させたために、横行結腸内に見られたガス像が脾彎曲部において突如として途切れる。
注2：sentinel colon sign：階段状のニボー（niveau）を持った小腸イレウス像が膵臓を取り囲むように映る。

　また、急性膵炎の診断基準は次のとおりです。
　①上腹部に急性腹痛発作と圧痛がある
　②血中または尿中に膵酵素^{（注3）}の上昇がある
　③超音波、CT または MRI で膵臓に急性膵炎に伴う異常所見がある
　上記3項目中2項目以上を満たし、他の膵疾患および急性腹症を除外したものを急性膵炎と診断します。ただし、慢性膵炎の急性増悪は急性

膵炎に含めます。

　さらに重症化すると、上記のような「グレイ・ターナー徴候」や「カレン徴候」が見られ、ショック、呼吸困難、意識障害、重症感染症、出血傾向、白血球増加、Ht 低下、BUN 上昇、血糖値上昇、LDH 上昇、Ca 低下、代謝性アシドーシス、総蛋白低下、酸素分圧低下、血小板数減少、PT 延長が見られます。腹部超音波検査や CT 検査で、膵臓内部の不均一性や膵臓周囲への炎症波及が認められた場合に「重症急性膵炎」と診断します。

●治療・予後
　保存的治療として、輸液により呼吸・循環動態の管理をします。薬物療法としては、鎮痛薬（ブプレノルフィン塩酸塩）の投与、重症例ではさらに抗菌薬、蛋白分解酵素阻害薬の大量持続点滴をします。
　感染性膵壊死のときは、膵臓壊死部を摘出しドレナージをします。膵膿瘍、膵仮性囊胞のときもドレナージをします。胆囊結石による急性膵炎では、治療後に胆石の処置を行います。

＜慢性膵炎＞
●疾患概念・原因
　慢性膵炎（chronic pancreatitis）とは、アルコール多飲や胆石などにより、膵臓実質に線維化・石灰化などの不可逆性変性を起こし、膵臓の内分泌機能と外分泌機能の低下を伴う病態です。原因としては次のものが考えられています。

・飲酒（アルコール）、喫煙、高 Ca 血症（副甲状腺機能亢進症）、高 TG 血症、慢性腎不全、薬剤、遺伝性（cationic trypsinogen 転移、PRSS1 転移、CFTR 転移、SPINK1 転移）、自己免疫性、急性膵炎後、膵管閉塞（外傷後、腫瘍、結石）

●疫学・症状・経過

　慢性膵炎は、長期のアルコール多飲歴がある中高年男性に好発します。繰り返す上腹部痛や背部痛が特徴です。アルコールや脂肪摂取で腹部圧痛が憎悪し、脂肪便、下痢、糖尿病（口渇、多飲）、体重減少などが見られます。また、慢性膵炎における膵仮性囊胞の頻度は 30％程度との報告があります。特にアルコール性慢性膵炎で仮性囊胞の合併が高いようです。

●検査・診断

　血液検査で、膵臓の酵素の上昇が代償期に見られます。慢性膵炎が非代償期となると、膵臓の酵素は低下します。腹部超音波検査や腹部 CT 検査で、膵石や膵臓辺縁の不規則な凹凸などが認められます。

　MRI 検査装置を用いて胆囊・胆管や膵管を描出する磁気共鳴胆道膵管造影検査（magnetic resonance cholangiopancreatography；MRCP）や、内視鏡的逆行性胆道膵管造影検査（endoscopic retrograde cholangiopancreatography；ERCP）で、不規則な膵管拡張、膵石による欠損像などが見られます。さらに、膵臓外分泌機能検査（pancreatic functioning diagnostant；PFD）を行います。

　PFD 試験は、早朝空腹時排尿後にパラアミノ馬尿酸誘導体（BT-PABA）を服用し、尿中 PABA 排泄率を測定する試験です。尿中 PABA 排泄率の低下が認められたとき、慢性膵炎（膵石症）を考えます。服用した BT-PABA は、膵臓から分泌された消化酵素キモトリプシン（chymotrypsin）で分解され、腸管から吸収、肝臓で抱合され、そして腎臓から尿中に PABA が排泄されます。

●治療・予後

　慢性膵炎の治療は、禁酒・禁煙したうえで、病期に合わせて疼痛や膵臓の外分泌機能不全や内分泌機能不全に対する治療を行います。

　代償期にある慢性膵炎の急性増悪期では、急性膵炎に準じた治療を行います。間欠期は疼痛を抑えるための治療が主体となります。禁酒・禁煙、低脂肪食（30g/ 日以下）などの生活指導を行い、薬物療法としてNSAIDs、抗コリン薬、鎮痙薬、蛋白分解酵素阻害薬、消化酵素薬を投与します。膵石がある場合には、体外衝撃波結石破砕術（ESWL）や内視鏡的治療を行います。慢性膵炎の合併症には、糖尿病、膵仮性嚢胞、膵がんなどがあります。膵管減圧術や膵部分切除術などの外科手術が考慮される場合もあります。

　非代償期の慢性膵炎では、膵外分泌と内分泌を補う治療が中心となります。

＜膵嚢胞性腫瘍＞

　膵臓に起こる腫瘍性嚢胞には、次のようなものがあります。

- ・膵管内乳頭粘液性腫瘍（intraductal papillary mucinous neo-plasm；IPMN）
- ・粘液性嚢胞腫瘍（mucinous cystic neoplasm；MCN）
- ・充実性偽乳頭腫瘍（solid- pseudopapillary tumor；SPT, SPN）
- ・漿液性嚢胞腫瘍[5]（serous cystic tumor；SCT, SCN）
- ・膵管内管状乳頭腫瘍[6]（intraductal tubulopapillary neoplasm；ITPN）
- ・膵内分泌腫瘍（pancreatic neuroendocrine tumors；PNET）

●疾患概念・原因

　膵嚢胞性腫瘍とは、膵管粘膜上皮が腫瘍化し、粘液が膵臓内に貯留して袋状に見える病態をいいます。すなわち腫瘍性膵嚢胞です。膵嚢胞性腫瘍は、過形成や腺腫と呼ばれる良性の段階から、通常の膵がんと呼ばれる悪性の段階までさまざまな状態があり、良性から悪性へと変化することが知られています。腫瘍性膵嚢胞と診断された際には、良性悪性を慎重に見極めることが重要です。WHO の悪性評価基準としても、脈管浸潤、神経浸潤、周囲組織への浸潤、リンパ節転移、遠隔転移などがあれば悪性とされています。

●検査・診断

　これら疾患の診断には、超音波検査、CT 検査、MRCP（magnetic resonance cholangio pancreatography）、EUS（endoscopic ultrasonography）などが有用です。

●治療・予後

　IPMN や MCN は、病理学的に腺腫から異型性が増すにつれ、境界病変、がんへと進展すると考えられています。切除例の検討から、浸潤がん症例でなければ予後良好な疾患と考えられています。膵臓実質への浸潤の有無により切除術式が選択されます。

参考：「IPMN MCN 国際診療ガイドライン 2012 年版」

┌─ ■膵嚢胞・用語解説■ ─

＊１：炎症性膵嚢胞（えんしょうせいすいのうほう）

　慢性膵炎などを原因として起きた膵臓の嚢胞です。多くの場合は無症状で、腹部超音波検査などで偶然発見される症例が増えています。近年、腫瘍性膵嚢胞と鑑別が問題となっています。

＊２：腫瘍性膵嚢胞（しゅようせいすいのうほう）

　膵嚢胞性腫瘍のことです。膵管粘膜上皮が腫瘍化し、粘液が膵臓内に貯留して袋状に見える病態です。膵がんの前がん病変と考えられています。

＊３：心窩部（しんかぶ）

　心窩部とは、いわゆる「みぞおち」あたりの部位を指します。心窩部痛がある場合には、胃潰瘍や狭心症などの疾患を鑑別する必要があります。

＊４：麻痺性イレウス（まひせいいれうす）

　麻痺性イレウスとは、腸管の蠕動運動が鈍くなり、排便が困難になることで起こる疾患です。薬剤、腹部手術や腹膜炎などが原因となります。

＊５：漿液性嚢胞腫瘍（しょうえきせいのうほうしゅよう）

　膵嚢胞性腫瘍の１つで、膵管粘膜上皮が腫瘍化し、漿液が膵臓内に貯留して袋状に見える病態です。膵がんの前がん病変と考えられています。

＊６：膵管内管状乳頭腫瘍（すいかんないかんじょうにゅうとうしゅよう）

　膵管内管状乳頭腫瘍（intraductal tubulopapillary neoplasm；ITPN）は、粘液の過剰な産生を伴わない主に管状に増殖する膵管内腫瘍です。主膵管内およびその近傍の太い分枝膵管内に乳頭状増殖した腫瘍が認められます。2010年のWHO分類で、膵管内乳頭粘液性腫瘍（IPMN）とは別の疾患概念として分離されました。ITPNもIPMNと同様な膵臓がんの前がん病変と考えられています。

⑮ IgA 腎症

＝尿蛋白陰性かつ尿潜血の持続がなければ生保加入に問題ない

Q 25 歳の女性です。定期健康診断で尿潜血の指摘があり、近医で再検査したところ、「IgA 腎症」の疑いとの診断を受けました。保険に加入できるでしょうか。

A IgA 腎症の確定診断は、腎生検による糸球体[*1]の観察所見によります。したがって、臨床症状、尿検査と血液検査による診断かと思います。

　大部分の IgA 腎症の症例は無症候です。つまり臨床症状を呈することは少なく、ときに急性腎炎のような症状を示すものがあります。一般に経過は緩慢ですが、20 年の経過で約 40％の患者が末期腎不全（ESRD）に移行します。

　また IgA 腎症は、慢性糸球体腎炎[*2] の原因疾患の 50％を占めます。一般に 3 回以上の尿検査で持続的顕微鏡的血尿が証明されると、IgA 腎症が疑われます。

　したがって、尿検査で尿蛋白陰性かつ尿潜血が持続していなければ IgA 腎症の可能性は低く、生命保険加入には問題ないでしょう。

［告知のポイント］

1. 正当診断名
2. 腎生検があればその病理組織学的診断名
3. 尿潜血の有無と程度（尿沈渣結果）
4. 尿蛋白の有無と程度

5．血清 IgA 値

6．治療内容

7．医療機関名

[解　説]

　IgA 腎症は、慢性糸球体腎炎の中では比較的に経過良好な疾患と考えられていました。しかし、長期間の経過観察により、20 年の経過で約40％の患者が末期腎不全（ESRD）に移行することが分かってきました。IgA 腎症は腎生検によってのみ確定診断され、腎生検の組織像により予後が変わります。

　高血圧、蛋白尿と血尿があれば進行した IgA 腎症の存在が疑われます。本症には、上気道感染や膀胱炎などの 1 ～ 2 日後に肉眼的血尿を呈して急性腎炎のように経過するものと、たまたま健康診断で顕微鏡的血尿が慢性的に見られる慢性腎炎のように経過するものがあります。次に詳しく説明します。

●腎臓のメカニズム●

●疾患概念・原因

　IgA 腎症（IgA nephropathy）とは、糸球体のメサンギウム領域に

IgA 型の免疫複合体の沈着が見られる糸球体腎炎です。慢性糸球体腎炎の 50％を占めます。発症機序としては、扁桃腺炎が反復することにより陰窩上皮が破壊され、これを抗原として認識したリンパ球が IgA 抗体を産生すると考えられています。

●疫学・症状・経過

10 ～ 20 歳代が好発年齢で、定期健康診断の尿検査（血尿）で発見されることが多いです。無症候性血尿で発症します。腎炎の進行に伴い、初期の顕微鏡的血尿に蛋白尿が伴うようになります。感冒などにより急性増悪し肉眼的血尿（コーラ色の血尿）を見ることもあります。

従来は比較的予後が良好な疾患といわれてきました。しかし IgA 腎症で蛋白尿や腎機能低下を示す症例は腎不全となることが多く、IgA 腎症全症例の 40％程度が 5 ～ 10 年で末期腎不全となります。なお、経過中にネフローゼ症候群を呈することは稀です。

●検査・診断

血液検査にて血清 IgA 値の上昇（約 50％）、血清補体値正常となります。これに腎生検で糸球体のメサンギウム領域に IgA 優位の沈着が観察されるとき、IgA 腎症と診断されます。つまり、IgA 腎症は腎生検によってのみ診断されます。本症と類似の組織検査所見を呈する疾患には次のようなものがあり、各疾患特有の全身症状や検査所見により鑑別診断が必要となります。

・紫斑病性腎炎[3]（IgA 腎炎）
・肝硬変症
・ループス腎炎
・関節リウマチに伴う腎炎

●治療・予後

　血尿のみが主症状のときには経過観察を行います。腎炎が進行し大量の蛋白尿、腎機能低下を来した際には、抗血小板薬、抗凝固薬、ACE阻害薬、ARB、ステロイド剤などを投与します。高血圧に対してはACE阻害薬、ARBなどの降圧剤でコントロールします。

　予後不良因子には、高度の組織障害、腎機能低下、0.5g/日以上の持続性蛋白尿、高血圧などがあります。血清IgA値と血尿の程度は予後に関係しません。

　2002年頃からIgA腎症に対しては、扁桃摘出術[*4]による感染病巣の除去とステロイドパルス療法の併用について、その有効性が報告されています。というのも、IgA腎症の患者には慢性扁桃腺炎が多く、慢性扁桃腺炎の患者でIgA腎症が増悪しやすい、ということが数多くの施設より報告されているからです。

■IgA 腎症・用語解説■

＊1：糸球体（しきゅうたい）

　糸球体とは、腎臓の構造物の1つで、細い毛細血管が毛球のように丸まった構造をしており、血液中の塩分や老廃物をろ過するフィルターの働きをします。糸球体の毛細血管が壊れると慢性糸球体腎炎（慢性腎炎）となります。

＊2：慢性糸球体腎炎（まんせいしきゅうたいじんえん）

　慢性糸球体腎炎（慢性腎不全）は、蛋白尿や血尿が少なくとも1年間以上持続する病態をいいます。腎生検で病理組織診断をして治療方針を決定する必要があります。近年、腎機能障害が3ヵ月以上持続する病態を慢性腎臓病（CKD）という疾患概念も提唱されています。

＊3：紫斑病性腎炎（しはんびょうせいじんえん）

　紫斑病性腎炎は、血管性紫斑病（IgA）血管炎の一症状として見られる腎炎で、紫斑病に伴い、糸球体に IgA が沈着することを特徴とする糸球体腎炎です。紫斑病性腎炎の病因は未だ明らかにされていませんが、IgA を含む免疫複合体の関与する全身疾患です。IgA 腎症と同様に、IgA 1 の糖鎖異常が指摘されています。

＊4：扁桃摘出術（へんとうてきしゅつじゅつ）

　扁桃は、ウイルスや細菌の感染を防御する器官で、上気道免疫能の役割を果たしています。ときに炎症を契機として閉塞症状、習慣性扁桃炎や扁桃病巣感染症を起こします。このような病巣としての扁桃を切除することを扁桃摘出術といいます。反復性扁桃炎、睡眠時無呼吸症候群、IgA 腎症が手術適応です。

⑯便潜血
べん せん けつ
=精密検査の結果提出までは生保の引受は不可

Q 60歳の男性です。人間ドックの「便潜血」検査で次のような指摘をされました。生命保険に加入できるでしょうか。

検査名	基準値	結　果
【便潜血】		E2　要精密検査
便潜血1回目	（−）	＊（＋）
便潜血2回目	（−）	

A 人間ドックで便潜血陽性となった場合には、要精密検査の指示となることから、その結果を提出しないと生命保険の加入は困難と思います。

　現状では、生命保険は削減等の特別条件付き、医療保険は部位不担保、がん保険は不可くらいの査定評価となるでしょう。一部の生命保険会社では、要精密検査の指示はその結果が判明するまで引受不可としています。

[告知のポイント]
1．便潜血の精密検査後の正式病名
2．精密検査の結果
3．入院の有無とその期間
4．手術の有無と術式名
5．医療機関名

[解　説]

●疫学・症状

　トイレで大便をした後、便器が赤一色に染まることがあります。これは下血といい、下部消化管からの出血と考えられます。一般に消化管出血においては、食道から十二指腸くらいまでの出血では、肉眼的に便は黒くなります（タール便）。一方、赤色の血便はそれ以下の下部消化管の出血を示唆しています。

　すなわち、大便の色を見ることで胃潰瘍と十二指腸潰瘍などの消化性潰瘍からの出血か、大腸ポリープや痔からの出血かが分かるのです。このようなときは、急いで近医を受診します。

●大腸ポリープと大腸がん●

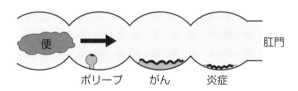

　さて、人間ドックなどでは便潜血検査を実施しています。さまざまな臨床治験研究により、大腸がんの予防に便潜血検査が大変有効という報告が上がっています。大腸がんの初期症状としては、次のようなものが考えられます。

・血便（下血）

・下痢

・下痢と便秘を繰り返す

・便が細くなる

・お腹が張る

・腹痛

・貧血

・体重減少

便潜血検査により、大腸がんや大腸ポリープからの血便を早期に知ることで、次にすべき精密検査の大腸内視鏡検査に進むことができます。

余談ですが、潜血は英語でOBと略します。occult bloodの略で、尿検査でも潜血反応にOBを使うことから、便潜血検査では便（fecal）を付けて、FOB（fecal occult blood）と検査名を略すのが一般的です。日本のある臨床検査機関では、SOB（stool occult blood）と略しているところがありますが、カルテ用語でSOB（shortness of breath）は息切れを意味することから少し問題かもしれません。

●検査・診断

便潜血検査は、食道から肛門までの消化管出血の有無を調べる検査で、抗ヒトヘモグロビン抗体を用いて検査をします。便潜血検査では、「大便に微量の血液が混じっている」ことは分かりますが、消化管出血の部位は特定できません。したがって、人間ドック等の医療機関では便潜血反応が陽性(＋)の場合、必ず要精密検査の指示となります。

特に40歳以上では大腸がんリスクが高くなることから、本検査が推奨されます。 継続的な出血があるかどうかを調べるため、異なる日に2回便を採取する方法、いわゆる2日法が太宗の人間ドック等の医療機関で実施されています。わが国で広く用いられている免疫法については、症例対照研究によって、1日法による検診を毎年受診することで大腸がん死亡リスクが60％減ることが報告されています。

便潜血検査だけでは、消化管出血の部位は特定できないことから、精密検査により出血の原因となるような疾患を鑑別します。鑑別疾患は次のとおりです。

・食道静脈瘤、食道潰瘍、食道がん

・胃潰瘍、胃がん、出血性胃炎

・十二指腸潰瘍

・小腸潰瘍、クローン病、小腸肉腫
・大腸がん、大腸ポリープ、潰瘍性大腸炎、クローン病、憩室炎*1
・痔核、痔瘻(じろう)*2

したがって、消化管出血を100％クリアするためには、上部消化管と下部消化管の両方の内視鏡検査を実施しなければなりません。この両方の内視鏡検査で異常がないことが判明すれば、生命保険は無条件加入が可能と考えます。ただし、小腸にまで内視鏡を挿入できないため、完璧を期すならカプセル内視鏡検査をする必要があります。またはCTやMRI検査等による画像検査をすることです。

生命保険の加入に際して、便潜血陽性の場合には、その精密検査結果の記載がある主治医の診断書を告知書と併せて提出すると、契約の成立が早まります。

■便潜血・用語解説■

＊1：憩室炎（けいしつえん）

憩室炎とは、1つ以上の憩室に感染症や炎症が起きた状態です。憩室の分類としては先天性と後天性のものがあり、後天性は内圧により押し出された圧出性憩室と外部の瘢痕(はんこん)などにより牽引された牽引性憩室などに分類されます。典型的な憩室炎は左側の下腹部に圧痛があり、発熱します。また、高齢者で特に免疫系を抑制するコルチコステロイド薬やその他の薬を服用している人は、重篤化の危険が高くなります。

＊2：痔瘻（じろう）

直腸、肛門部の感染症で、直腸・肛門周囲にうみがたまった段階を肛門周囲膿瘍といい、たまったうみが排出され、結果として直腸・肛門と交通のある難治性の管ができることを痔瘻といいます。多くは下痢などの際に肛門小窩に便が入り、細菌が肛門周囲に侵入して炎症を起こします。薬物治療は通常無効で手術の必要があり、また痔瘻を長年放置すると、がん化することがあります。

⑰大腸ポリープ
だい ちょう
＝２年連続の検査で異常がなければ生保の加入に問題ない

> **Q** 55歳の男性です。半年ほど前に「大腸ポリープ」を内視鏡で切除しました。生命保険や医療保険に加入できるでしょうか。

A 大腸内視鏡検査で発見される病気の一つに、大腸ポリープがあります。大半の大腸ポリープは腺腫で良性ですが、大きさによってはがん化する場合があります。したがって、切除したポリープの病理組織診断が重要となります。

腺腫内がんなど大腸ポリープの一部にがんが見つかった場合には、がん保険の加入は困難で、生命保険も削減等の特別条件付となる可能性があります。切除された大腸ポリープの大きさと個数も重要です。

また、大腸ポリープの大きさが小さく、残存しているポリープがある場合には、それを切除するまでは経過観察となります。このため、医療保険は部位不担保の特別条件付となるでしょう。がん保険は引受不可となる可能性があります。

大腸内視鏡検査を２年連続して受診し、大腸ポリープの残存がない状態を "クリーンコロン" といいます。蠕動運動*¹ をしている
ぜんどううんどう
大腸の粘膜襞の裏に大腸ポリープが隠れていて、初回の大腸内視鏡検査では見落とされることがあるからです。

したがって、２年連続した大腸内視鏡検査で異常がなければ、生命保険の加入には問題ないと考えられます。

[告知のポイント]

1．大腸ポリープがある大腸の部位

2．大腸ポリープの個数と大きさ

3．手術の術式

4．術後病理組織診断の結果

5．残存ポリープの有無

6．医療機関名

[解　説]

●疾患概念・原因

　大腸ポリープとは、結腸粘膜上皮[*2]に発生する限局性の隆起性病変で、病理組織学的に腫瘍性ポリープ（腺腫、絨毛腺腫[*3]）と非腫瘍性ポリープ（過形成ポリープ、炎症性ポリープ）に分けられます。腺腫性ポリープは大腸上皮の腫瘍性増殖によって生じ、前がん病変ともいわれています。増大するとともにがん化の危険率も増すからです。

　一方、非腫瘍性の過形成性ポリープは上皮の過形成によって生じる粘膜の隆起性病変をいい、がん化の危険性は極めてまれです。

●大腸ポリープの分類●

腫瘍性ポリープ	腺腫 → がん化 → 早期がん → 進行がん
	過誤腫
非腫瘍性ポリープ（良性）	過形成ポリープ
	炎症性ポリープ

　一般に、ポリープ（polyp）は粘膜上皮の隆起性病変を示す医学用語で、これだけで腫瘍の良性・悪性は区別できません。大腸ポリープのほかに、胃ポリープ、喉頭ポリープ、鼻粘膜ポリープ（鼻茸）、子宮頸管ポリープ、子宮内膜ポリープ、膀胱ポリープ、胆嚢ポリープなどがあり

ます。ポリープの良性と悪性の区別は、切除された組織の病理によることから、切除後の病理組織診断報告書を入手しておくことが重要です。

近年、大腸ポリープの中に側方発育型腫瘍*4（そくほうはついくがたしゅよう）（laterally spreading tumor；LST）と呼ばれるものの報告があります。これは最大径10mm 以上の表層拡大型腫瘍で、表面が顆粒結節状の LST-G と表面が平滑な LST-NG に亜分類されます。この場合には、大腸粘膜切除術（ESD）が行われます。

●検査・診断

大腸ポリープは、人間ドックや大腸がん検診の便潜血検査（fecal occult blood test；FOBT）を契機として、大腸内視鏡検査などの精密検査を受けて見つかります。便潜血検査の陽性反応的中率、つまり大腸がんである確率は3％といわれています。

その他の精密検査としては、小型カメラを入れた1 cm 前後の小型カプセルを飲み込み、画像診断を行うカプセル内視鏡、CT 検査やこれを応用した CT 内視鏡、PET 検査などになります。

病理組織学的に大腸ポリープの80％は「腺腫」と呼ばれる腫瘍です。この腺腫が大きいほど異型度が高く、がん化率も高いといわれています。腺腫の大きさが1 cm を超えると約3割が、2 cm を超えると約6割ががん化するとの報告もあります。よって、6 mm 以上の腺腫に対しては積極的に内視鏡下大腸ポリープ切除術が行われています。

●大腸ポリープの担がん率●

ポリープの大きさ	担がん率
5 mm 以下	0.46%
6〜9 mm	3.3%
10mm 以上	28.6%

日本消化器病学会編「大腸ポリープ診療ガイドライン2014」によると、日本人の大腸ポリープの担がん率は前頁の表のとおりです。

また、大腸ポリープの大きさが3mm以下のときには、小さすぎて完全に切除できないため生検（生体組織検査）が行われます。生検とは、患部の一部を切り取り、細胞や組織を顕微鏡で調べる検査です。一般に大腸ポリープの生検については、次のようなグループ分類が用いられます。

●大腸ポリープのグループ分類●

グループ	解　　説
Group1	上皮に腫瘍性の病変はない（正常）
Group2	炎症性変化あり
Group3	良性腫瘍（腺腫）
Group4	がんの疑い
Group5	がん

生検の場合は大腸ポリープが体内に残存しています。よって1～2年は大腸内視鏡検査で経過観察し、大きくなった大腸ポリープに対しては切除術が行われます。ちなみに、全大腸内視鏡検査によって新たに診断された腺腫をすべて摘除（クリーンコロン）した後に、再び異時性の腺腫が発生するまでの時間は、およそ3年前後と考えられています。

良性の大腸ポリープを切除した後に医療保険の申込みで部位不担保が付くのはこうした理由です。つまり、大腸ポリープが再発して内視鏡下大腸ポリープ切除術が実施されるリスクがあるからです。内視鏡下大腸ポリープ切除術は、手術給付金の支払対象となる手術です。

●治療・予後
大腸ポリープは手術療法による切除が基本です。一般にポリペクト

ミーと呼ばれる内視鏡下ポリープ切除術または内視鏡的粘膜切除術
（EMR）が行われます。

　ポリペクトミーとは、大腸や胃などの消化管粘膜の隆起性病変の茎部
に対してスネアをかけて高周波電流を通電して焼き切る方法です。
EMR は、病変部の粘膜下層にヒアルロン酸などの注入液を局所注入し
て病変部を隆起させ、病変部を粘膜ごと切除する方法です。

　切除された大腸ポリープに対しては、病理組織学的検査を行います。
これは、病理医が切除された大腸ポリープの組織標本を顕微鏡下で観察
して、細胞が良性か悪性かを判断するものです。

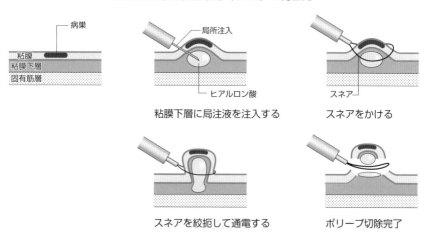

●内視鏡的粘膜切除術（EMR）の方法●

粘膜下層に局注液を注入する　　　　スネアをかける

スネアを絞扼して通電する　　　　　ポリープ切除完了

　病理組織診断名が腺腫や管状腺腫であれば良性です。まれに切除した
大腸ポリープの一部ががん化していることもあります。この場合は大腸
がん（腺がん）と診断されますが、大腸ポリープの茎部までがんが浸潤
していないことが確認されれば、がんが完全切除されている可能性が高
いのでひと安心でしょう。腺腫内がんであってもがんですので、がん保
険への加入はできません。

─ ■大腸ポリープ・用語解説■ ─

＊１：蠕動運動（ぜんどううんどう）

　蠕動運動とは、食道から直腸までの消化管壁の平滑筋の周期的な収縮運動のことです。これにより、摂取した内容物が消化と吸収されながら口側から肛門側まで移動します。蠕動運動が弱くなると便秘になります。

＊２：結腸粘膜上皮（けっちょうねんまくじょうひ）

　結腸粘膜上皮とは、結腸の内腔を裏打ちする上皮組織のことです。粘膜上皮は、恒常的に新しい細胞に置き換わる組織です。陰窩深部には、結腸上皮細胞の幹細胞が存在し、増殖能力の高い前駆細胞が生み出されます。

＊３：絨毛腺腫（じゅうもうせんしゅ）

　絨毛腺腫は、大腸ポリープの１つで、絨毛の形態を保った腺腫性ポリープです。腺腫性ポリープの中で一番悪性化しやすい型です。がん化しやすい順は、絨毛腺腫、管状絨毛腺腫、管状腺腫です。

＊４：側方発育型腫瘍（そくほうはついくがたしゅよう）

　側方発育型腫瘍（laterally spreading tumor；LST）とは、最大径10mm 以上の表層拡大型大腸腫瘍の総称です。顆粒型 LST と非顆粒型LST に分けられます。がん化するリスクがあります。

⑱潰瘍性大腸炎
かい よう せい だい ちょう えん

＝軽症で寛解期が維持されていれば生保への加入は問題ない

> **Q** 35歳の男性です。10年前から「潰瘍性大腸炎」を治療していますが、生命保険に加入できるでしょうか。

A 潰瘍性大腸炎は、免疫系の調節機構の異常から自己の免疫細胞が腸管の細胞を攻撃し、主として消化管に炎症を起こす慢性炎症性腸疾患の一つです。主として大腸の粘膜を侵し、しばしばびらんや潰瘍を形成します。比較的若年者に発症し、10歳代後半から30歳代前半に好発することが知られています。

事例の男性は、経過年数から寛解導入*1 されているものと思われますが、軽症で寛解期が維持されているのであれば、生命予後が良好な疾患であることから、生命保険への加入は問題ないと考えます。ただし、全大腸炎型や活動性が高く重症な場合には、保険料割増の特別条件が付く可能性があります。

また、がん保険の加入は困難だと思います。というのも、大腸に広範囲の病変を長期間有する潰瘍性大腸炎患者は、大腸がん発生率が有意に高まるからです。

[告知のポイント]
1. 潰瘍性大腸炎と診断された時期
2. 潰瘍性大腸炎の病型と重症度
3. 直近の大腸内視鏡検査所見
4. 合併症の有無と病名

5．現在の治療投薬内容

6．手術予定の有無

7．医療機関名

[解　説]

●疾患概念・原因

　潰瘍性大腸炎（ulcerative colitis；UC）とは、主として粘膜を侵し、しばしばびらんや潰瘍を形成する大腸のびまん性非特異性炎症です。原因としては、自己免疫の関与、心理的要因、食生活の欧米化があるとされていますが原因は不明です。長期間経過した潰瘍性大腸粘膜には悪性化の傾向があるため、大腸内視鏡検査による定期的な経過観察が必要とされます。

●症状・経過

　潰瘍性大腸炎における大腸の肉眼的変化は、重症度と病型で異なりますが、大部分の症例で直腸から連続した病変が見られます。主たる症状は、トマトケチャップ様の粘血便・下血で、腹痛や下痢をしばしば伴います。重症例では、貧血、発熱、頻脈などの全身症状が見られます。

下痢、血便　　　　発熱　　　　腹痛　　　　体重減少

　また潰瘍性大腸炎は、病変の広がり（病型分類）から、次のように分類されます。

・直腸炎型

・左側大腸炎型

・全大腸炎型

●潰瘍性大腸炎の分類●

直腸炎型	左側大腸炎型	全大腸炎型

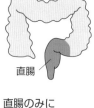

直腸

直腸のみに 炎症が及んだもの	大腸の左側に 炎症が及んだもの	大腸全体に 炎症が及んだもの

　一般に下痢や腹痛の程度は直腸炎型が軽度です。関節痛や皮疹（結節性紅斑、壊疽性膿皮症など）や虹彩炎などの腸管外合併症を伴うことがあります。

　潰瘍性大腸炎の臨床的重症度の分類基準は次表の通りです。

●潰瘍性大腸炎の重症度の分類●

重　症		中等症	軽　症
①排便回数	6回以上	重症^(注)と軽症の中間	4回以下
②顕血便	（＋＋＋）		（－）～（＋）
③発熱	37.5度以上		（－）
④頻脈	90回/分以上		（－）
⑤貧血	Hb 10g/dL以下		（－）
⑥赤沈	30mm/h以上		正常

注：重症とは①および②の他に、全身症状である③または④のいずれかを満たし、かつ6項目のうち4項目以上を満たすものとする。軽症とは軽症の6項目すべて満たすものとする。

●検査・診断

　大腸内視鏡検査所見により、潰瘍性大腸炎の活動性と非活動性を臨床症状と併せて区別することができます。また、病変のひろがりを確認することにより病型を判断することも可能です。

　活動期とは、血便を訴え、内視鏡的に血管透見像の消失、易出血性、びらん、または潰瘍などを認める状態をいいます。一方、寛解期とは、血便が消失し、内視鏡的には活動期の所見が消失し、血管透見像が出現した状態をいいます。

　活動期の大腸内視鏡検査所見による分類は次表の通りです。

●大腸内視鏡検査所見による分類●

炎　　症	大腸内視鏡検査所見
軽　症	血管透見像消失
	粘膜細顆粒状
	発赤、小黄色点
中等症	粘膜粗造、多発性びらん、多発性小潰瘍
	易出血性（接触出血）
	粘血膿性分泌物付着
	その他の活動性炎症所見
重　症	広汎な潰瘍、偽ポリポーシス
	著明な自然出血

●治療・予後

　潰瘍性大腸炎の薬物療法は、臨床的重症度による分類（重症・中等症・軽症）によって変わります。

　軽症および中等症例では５アミノサリチル酸製薬（5-ASA）を、無効例や重症例で副腎皮質ステロイド薬にて寛解導入を行います。寛解維

持には5アミノサリチル酸製薬、また、ステロイド薬を投与した場合には免疫調節薬（アザチオプリンや6-MP）の使用も考慮します。免疫調節薬はステロイド依存例でも使用され、ステロイド無効例ではシクロスポリン（未承認）、タクロリムス、インフリキシマブ（レミケード）、アダリムマブ（ヒュミラ）の投与、あるいは血球成分除去療法（LCAP）が行われます。

大腸穿孔*2 や大量出血、内科治療に反応しない重症例や大腸がん合併例は手術適応です。中毒性巨大結腸症や劇症例も手術を要する可能性が高いです。

発症後7年以上経過した左側大腸炎型、全大腸炎型の症例では、粘膜に異形上皮やがんの発生する頻度が年々増加します。このため、がん保険の加入は困難です。

■潰瘍性大腸炎・用語解説■

＊1：寛解導入（かんかいどうにゅう）

　寛解導入とは、治療により疾患の活動性を抑えて、症状が落ち着いた状態になることをいいます。

＊2：大腸穿孔（だいちょうせんこう）

　大腸穿孔とは、結腸の壁に穴があくことで、穿孔直後より細菌性腹膜炎を引き起こし、敗血症や多臓器不全などの重篤な状態に陥りやすいため、緊急手術が必要です。

⑲ PSA 検査
＝服薬で症状がコントロールされていれば問題は生じない

Q 50歳の男性です。人間ドックで「PSA検査」の値が5.0ng/mlと上昇を指摘されました。保険に加入できるでしょうか。ちなみに、2年前から前立腺肥大症の薬を飲んでいます。

A 人間ドックでPSA検査値が急に上昇したのであれば、おそらく精密検査指示となっているものと考えられます。精密検査結果が分かれると、保険加入可否の可能性も変わります。現状では前立腺肥大症の治療を加味して、生命保険は削減等の特別条件付き、医療保険は部位不担保、がん保険は不可くらいの査定評価となると思います。

　前立腺肥大症については、服薬にて排尿困難などの症状が良好にコントロールされているなら、特別条件付きとはなりません。症状が重く手術予定がある場合は、術後の病理組織診断結果によります。前立腺肥大症でもPSA値は上昇しますが、4～10ng/mlの場合、腫瘍リスクが増していることが示唆されますが、確定的ではありません。

[告知のポイント]
  1．前立腺の正式病名
  2．PSA検査値の推移と人間ドックでの指示
  3．精密検査の有無とあればその結果
  4．入院の有無とその期間

5．手術の有無と術式名

6．医療機関名

[解 説]

　人間ドックなどの医療機関の PSA 検査の基準値は、一般に 4.0ng/ml 以下とされています。PSA（prostate specific antigen）とは、前立腺特異抗原の略で、主として前立腺から精液中に分泌されるタンパク質の一種です。射精後の精液の液状化に関与し受精に必要なものです。

　PSA の一部は血液中にも存在し、若年成人の PSA 値は 2.0ng/ml 以下ですが、加齢による前立腺の肥大や炎症により増加します。つまり、前立腺肥大症や前立腺炎でも増加します。一般に血清 PSA の基準値は、4.0ng/ml 以下とされています。

　前立腺特異抗原といわれるように、前立腺の異常により特異的に PSA は増加し、前立腺がんのときには著明に増加します。それゆえ、前立腺がんの腫瘍マーカーとして活用されるようになりました。近年では、年齢階層別に PSA 検査の基準値を設定して評価することが行われています。

●年齢階層別 PSA 値基準値●
（age-specific reference rage of PSA）

65 歳未満	0 〜 3.1ng/ml 未満
65 歳〜 70 歳未満	0 〜 3.6ng/ml 未満
70 歳以上	0 〜 4.1ng/ml 未満

参考：日本泌尿器学会編「前立腺癌診療ガイドライン 2006 年版」

●疾患概念・原因

　「前立腺癌診療ガイドライン」によると、2012 年の全世界での前立腺がん罹患数は約 110 万人で、男性がんの 14.8％（第 2 位）を占め、

死亡数は年間約 31 万人（6.6％）で 5 番目に多いです。年齢調整罹患率は 10 万人あたり 30.7（第 2 位）、年齢調整死亡率は 10 万人あたり 7.8（第 5 位）です。いずれも欧米等の先進国で高く、PSA 検査導入後は死亡率が減少傾向にあります。日本でも、2015 年以降は罹患率第 1 位を占めているようです。

PSA 検査値と前立腺がん発見率は、正の相関関係にあり、PSA 値が増加すると前立腺がん発見率も上昇します。したがって、PSA 値が 10ng/ml を大きく超えて上昇した場合には早急に精密検査が必要でしょう。保険加入は極めて困難です。

前立腺は、男性固有の臓器で精液の一部を造り、恥骨裏側の骨盤腔奥で膀胱の直下に位置し尿道を取り囲んでいます。胡桃くらいの大きさです。前立腺は内腺と外腺からなりますが、そのうちの内腺の細胞数が加齢とともに増加して肥大化したものが前立腺肥大症（benign prostatic hyperplasia）です。一方、前立腺がんは外腺から発生します。

●前立腺肥大症と前立腺がん●

| 正常な前立腺 | 前立腺肥大症 | 前立腺がん |

膀胱／膀胱／膀胱

内腺
外腺
尿道

●検査・診断

前立腺肥大症は 50 歳前後から増加しますが、治療を必要とする排尿困難、夜間頻尿、残尿感、尿意切迫感、過活動膀胱などの症状を呈するのは、その一部です。前立腺肥大症の排尿障害に伴う尿停滞から感染が

起こると、膀胱、腎、前立腺、副睾丸に炎症を来し、膀胱結石を合併、末期には水腎症を合併することもあります。直腸診による前立腺の触診、超音波検査や生検などにより診断されます。

●治療・予後

　前立腺肥大症に対する薬物療法としては、α1アドレナリン受容体遮断薬、5α還元酵素阻害薬、抗アンドロゲン薬、PDE5阻害薬などがあります。α1アドレナリン受容体遮断薬は、前立腺の平滑筋に対する交感神経緊張を抑制することで、前立腺の尿道圧迫を緩和して排尿障害を改善します。PDE5阻害薬も平滑筋弛緩作用があります。5α還元酵素阻害薬と抗アンドロゲン薬は、男性ホルモンの前立腺組織への作用を抑制することで、前立腺の肥大を縮小させます。

　前立腺肥大症の手術適応は、高度の夜間頻尿や尿閉など排尿障害の症状が強い場合、残尿が30ml以上ある場合、尿路感染を合併し保存的治療に抵抗する場合、腎機能低下が見られる場合などです。手術手技としては、経尿道的電気切除術（transurethral resection；TUR-P）がよく施行されています。

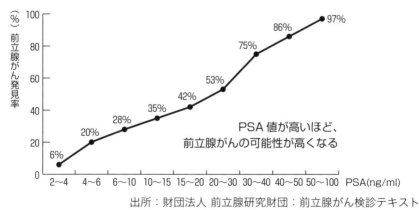

● PSA値と前立腺がん発見率●

出所：財団法人 前立腺研究財団：前立腺がん検診テキスト

⑳高血圧
こう けつ あつ
＝血圧値のコントロールが良好なら生保の加入には問題ない

Q 50歳の男性です。40歳代後半から定期健康診断で「高血圧」を指摘されるようになり、血圧値も徐々に上がってきました。そのため、1年前から血圧の薬を飲んでおり、最近は140/80mmHg前後でコントロールされています。生命保険の加入に問題があるでしょうか。

A 生活習慣病の一つである高血圧に罹患していても、血圧値のコントロールが良好であれば、生命保険の加入には問題ないでしょう。ただ過去に入院歴、高血圧の合併症、抗血小板凝集薬を併用している場合には、加入が難しくなるかもしれません。

[告知のポイント]
1．治療開始時期と直近の血圧値
2．高血圧による入院の有無
3．高血圧の合併症
4．服薬中の薬剤名
5．医療機関名

[解　説]
●疾患概念
　一般に高血圧は、「本態性高血圧症」と「二次性高血圧症」に分けられます。本態性高血圧症とは、原因不明の高血圧をいいます。すなわ

ち、血圧上昇を来す基礎疾患を見いだし得ない高血圧です。本態性高血圧は高血圧症患者のうち 90 ～ 95％を占めます。二次性高血圧症とは、高血圧を起こす基礎疾患があるものです。

　日本人の高血圧患者は約 4,000 万人といわれています。50 歳以上では 2 人に 1 人が高血圧治療中です。

●収縮期血圧と拡張期血圧●

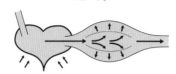
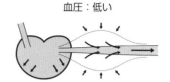

[収縮期]
血圧：高い

[拡張期]
血圧：低い

【収縮期血圧】
心臓がギュッと縮んでいるとき
（収縮期）の血圧

【拡張期血圧】
心臓が弛緩しているとき
（拡張期）の血圧

●疫学・症状

　高血圧の一般的症状としては、肩こり、頭痛、耳鳴り、しびれ感などさまざまなものがあります。長期間にわたり高血圧の状態が続くと、いろいろな臓器に障害を起こします。たとえば、脳卒中（脳出血、脳梗塞）、心疾患（心不全、心筋梗塞）、腎疾患（腎硬化症、腎不全、悪性高血圧）、眼底出血、鼻出血などです。

　日本高血圧学会編「高血圧治療ガイドライン 2009」では、診察室で測定した血圧値が収縮期血圧 140mmHg 以上または拡張期血圧 90mmHg 以上のいずれかまたは両方があれば、高血圧と診断するとしています。家族内にも高血圧患者がいることが多いです。眼底検査所見で細動脈の口径不同、交叉現象、反射亢進^{はんしゃこうしん}*1、眼底出血などが見られます。

●治療・予後

　本態性高血圧症の治療は、まず減塩、減量、節酒、禁煙、運動励行など生活習慣の修正を行うことが重要です。効果が不十分なら降圧薬治療を考慮します。

　血圧には、「血圧＝心拍出量×末梢血管抵抗」という関係式があります。よって、血管を拡張して末梢血管抵抗を低下させるか、心機能や循環血液量を落として心拍出量を減らすことが降圧につながります。

　降圧薬には、循環血液量を減らす利尿薬（サイアザイド、フロセミド、スピノロラクトン）、心筋の収縮力を下げるβブロッカー（プロプラノロール）、血管拡張作用のあるCa拮抗薬（アテレック、アムロジン、ノルバスク、アダラート、バロテイン、ニフェジピン）、アンギオテンシン変換酵素の作用を妨害するACE阻害薬（タナトリル、レニベース、レリート、カプトプリル）、アンギオテンシンII受容体に拮抗するARB（ブロプレス、ニューロタン、ディオバン）があります。

　高血圧治療の第一次選択薬の主流は、ARB、ACE阻害薬、Ca拮抗薬と利尿薬です。I度高血圧に分類される軽症高血圧症なら、いずれかの1剤を服用するか、これに少量の利尿剤を併用するのが一般的な組み合わせです。最近では、ARBやACE阻害薬と利尿剤との配合剤が開発され処方されています。

　日本高血圧学会編「高血圧治療ガイドライン2014（JSH2014）」によると、併用療法において推奨する2剤の組合せとして、次のものが挙げられています。

　・Ca拮抗薬とARB/ACE阻害薬

　・Ca拮抗薬と利尿薬

　・ARB/ACE阻害薬と利尿薬

●血圧の分類●

[診察室血圧に基づく血圧の分類]

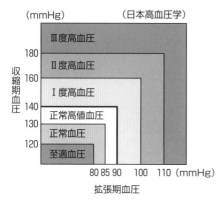

[家庭血圧に基づく血圧の分類]

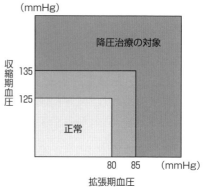

分　類	収縮期血圧		拡張期血圧
至適血圧	＜120	かつ	＜80
正常血圧	＜130	かつ	＜85
正常高値血圧	130～139	または	85～89
Ｉ度高血圧	140～159	または	90～99
Ⅱ度高血圧	160～179	または	100～109
Ⅲ度高血圧	≧180	または	≧110
（孤立性）高血圧	≧140	かつ	＜90

(mmHg)

　なお、二次性高血圧とは高血圧を起こす原因疾患がある高血圧で、高血圧症患者の５％を占めています。二次性高血圧は、手術などによって完治する確率が高い高血圧であるため、早期に原因を精査することが重要です。思春期から35歳くらいまでの若年時に高血圧を発症した場合には、二次性高血圧である可能性が高いでしょう。主な原因としては、腎血管性高血圧、原発性アルドステロン症などがあります。

＊１：反射亢進（はんしゃこうしん）

　血柱反射が亢進した状態をいいます。血柱反射とは、眼底検査で血管を観察したときに、血管壁に光が反射する現象です。動脈硬化で血管壁が厚くなると反射亢進します。

㉑高プロラクチン血症
=生保への加入は特に問題なく医療保険は部位不担保

Q 35歳の女性です。不妊治療を受けたら「高プロラクチン血症」と指摘されました。医療保険とがん保険に加入できるでしょうか。

A 高プロラクチン血症は、一般的に若年女性に多く、不妊症や無月経の約20％が本疾患によるといわれています。本疾患は、機能性高プロラクチン血症、薬剤性高プロラクチン血症、腫瘍性高プロラクチン血症に分類されます。

　本来プロラクチンは、出産後の乳汁分泌に関わるホルモンですが、高プロラクチン血症になると出産とは無関係に母乳の分泌が見られます。血中プロラクチン値が100ng/ml以上の場合はプロラクチン産生下垂体腺腫[*1]を疑い、頭部MRI検査などを実施します。

　事例の女性は、不妊治療中に高プロラクチン血症を指定されたことから、その後、精密検査を実施し投薬中と思います。大きな下垂体腺腫[*2]などが見つからなければ、生命保険の加入は問題ないでしょう。医療保険については、不妊治療中のため部位不担保で加入できると思われます。

[告知のポイント]
1．血中プロラクチン値
2．下垂体腺腫の有無と大きさ
3．投薬薬剤名

4．手術予定の有無

5．医療機関名

［解　説］

●疾患概念

　女性の性周期は、脳下垂体から分泌されるホルモンによりコントロールされています。この脳下垂体前葉から分泌されるホルモンの一つに、プロラクチンがあります。

　このプロラクチンは、乳腺を刺激して乳汁を分泌させる作用がありますが、このホルモンの分泌が異常に亢進して、乳汁漏出、無排卵月経、不妊などを起こすようになったものを高プロラクチン血症といい、20～30歳代の若年女性に多いようです。

　プロラクチンの血中濃度の基準値は 30ng/ml 未満です。

●下垂体腺腫と高プロラクチン血症●

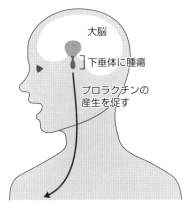

●疫学・症状・経過

　高プロラクチン血症の原因として最も多いのは、種々の薬剤に起因するものです。その他に下垂体腺腫、原発性甲状腺機能低下症、視床下部障害*3 などがあります。若年女性の原因不明の無月経（乳汁漏出性無

月経^{*4}）の約２割が、高プロラクチン血症によるものです。

つまり生理が止まるだけでなく、子供を出産したことがないのに乳が出てくる状態が若年女性に起こります。もちろん、妊娠中や情動ストレス下でも高プロラクチン血症となることがあります。

●検査・診断

血液検査で血中プロラクチンが高く、高プロラクチン血症を疑うときには、プロラクチン分泌刺激試験（TRH 負荷、スルピリド負荷）、頭部の X 線検査、CT 検査や MRI 検査、服薬中の薬剤の検査、甲状腺機能検査を行います。プロラクチン分泌刺激試験において、プロラクチン産生下垂体腺腫（プロラクチノーマ）ではプロラクチン増加反応がありません。この下垂体腺腫によるものは、高プロラクチン血症の約３割を占めます。

●治療・予後

薬剤性高プロラクチン血症では、原因となる薬剤を中止します。この薬剤には、ホルモン剤（エストロゲン、TRH）、ドーパミン受容体拮抗薬^{*5}（クロルプロマジン、ハロペリドール、スルピリド、メトクロプラミド）、ドーパミン生成抑制剤（レセルピン、α-メチルドパ）などがあります。多くの中枢神経薬、抗潰瘍剤（ドグマチール）、降圧剤がプロラクチン分泌に影響します。

プロラクチン産生下垂体腺腫や特発性視床下部障害^{*6}のときは、ブロモクリプチン製剤（パーロデル、パロラクチン）を投与します。

脳腫瘍（頭蓋咽頭腫^{*7}、胚細胞腫^{*8}、非機能性下垂体腫瘍^{*9}）や甲状腺機能低下症によるときは、原因疾患の治療を行います。

不妊治療の一つの方法として高プロラクチン血症治療薬を使用するのは、プロラクチンを抑制することで排卵が誘発されることを期待したも

ので、これはプロラクチン値が正常範囲にあっても効果が期待できます。

　プロラクチン産生下垂体腺腫は、一般に良性の下垂体腫瘍ですが、まれに悪性化して転移することがあります。微小腺腫では、薬物加療により消失したり、放置しても増大しないことが多いです。しかしプロラクチン産生下垂体腺腫が巨大腫瘍（直径 1 cm 超）に進展して中枢神経系の圧迫症状や髄液漏などの原因となるときは手術が必要となります。経鼻経蝶形骨洞下垂体腺腫摘除術*10（Hardy 手術）が行われます。プロラクチン産生下垂体腺腫のときは、この腺腫の大きさと経過を知るために主治医の診断書を取り寄せることが重要でしょう。

■高プロラクチン血症・用語解説■

＊１：プロラクチン産生下垂体腺腫（ぷろらくちんさんせいかすいたいせんしゅ）

　下垂体腫瘍のうちプロラクチンというホルモンを作ってしまう腫瘍のことをプロラクチン産生下垂体腺腫（プロラクチノーマ）といいます。下垂体腺腫は下垂体の一部の細胞が腫瘍化したもので、ほとんどは良性で原因不明です。

＊２：下垂体腺腫（かすいたいせんしゅ）

　脳下垂体は前葉と後葉に分かれており、多くのホルモンを分泌する内分泌器官です。下垂体腺腫は脳下垂体にできる脳腫瘍の一種です。症状は、腫瘍が大きくなることによる局所の圧迫症状と、ホルモンの過剰分泌によるホルモン異常症候群とがあります。

＊３：視床下部障害（ししょうかぶしょうがい）

　視床下部は、内分泌系と自律神経系を調節する中枢です。加えて、摂食と飲水などの調節にも関係しています。ここが障害されると多彩な症状が現れます。

＊４：乳汁漏出性無月経（にゅうじゅうろうしゅつせいむげっけい）

　乳汁漏出性無月経とは、授乳期以外に乳汁の漏出があり、さらに無月経を伴うものをいいます。これは、血中プロラクチン値の上昇が主な原因と考えられています。

＊５：ドーパミン受容体拮抗薬（どーぱみんじゅようたいきっこうやく）

　ドーパミン受容体拮抗薬とは、ドーパミン受容体に結合し、ドーパミンの作用を阻害して、作用を減弱させる薬剤の総称です。特に、中枢性のドーパミンＤ２受容体拮抗作用をもつ薬剤では、錐体外路症状が発現する副作用があります。

＊６：特発性視床下部障害（とくはつせいししょうかぶしょうがい）

　原因不明の視床下部障害のことです。

＊７：頭蓋咽頭腫（ずがいいんとうしゅ）

　頭蓋底正中部に発生する良性腫瘍で、臨床的には視力・視野障害あるいは内分泌障害などで発症します。これは、視床下部、脳下垂体、頸動脈、動眼神経、脳幹部、脳底動脈に囲まれていることによります。

＊８：胚細胞腫（はいさいぼうしゅ）

　胚細胞から発生する腫瘍のことで、卵巣から発生する悪性新生物を悪性卵巣胚細胞腫瘍といいます。卵巣悪性腫瘍の８％くらいを占める稀な疾患です。

＊９：非機能性下垂体腫瘍（ひきのうせいかすいたいせんしゅ）

　下垂体ホルモンの分泌がない下垂体腫瘍をいいます。

＊10：経鼻経蝶形骨洞下垂体腺腫摘除術（けいびけいちょうけいこつどうかすいたいせんしゅてきじょじゅつ）

　経鼻経蝶形骨洞下垂体腺腫摘除術とは、鼻腔から蝶形骨洞穴を経由して頭蓋底に到達し、トルコ鞍底部から下垂体腺腫を摘出する手術です。経蝶

形骨洞手術（transsphenoidal surgery；TSS）、または Hardy 手術とも
呼ばれます。

㉒乳腺症
にゅう せん しょう
＝乳腺症との診断なら生保の加入に問題は生じない

Q 40歳の女性です。右側の乳房にしこりがあり、検査したところ「乳腺症」と診断されました。生命保険に加入できるでしょうか。

A マンモグラフィ検査（MMG）や乳房の超音波検査（US）を受けた結果として乳腺症と診断されているのであれば、保険加入には問題ないと思われます。乳腺症は、35歳から45歳くらいまでの女性に見られる状態で、現在は、乳腺症は乳腺組織の「発育および退縮の正常からの逸脱」と一般的に考えられています。

　乳房のしこり、痛み、乳頭分泌物などの症状を呈します。一部に乳がんとの鑑別が困難なものがあることから、マンモグラフィ検査、乳房超音波検査、さらには穿刺吸引細胞診[*1]が行われることがあります。一般に乳腺腫瘤については、線維腺腫、乳腺症と乳がんとの鑑別診断をすることが重要です。

[告知のポイント]
1. 病変部位と具体的症状
2. 初診からの経緯・発症回数
3. 薬の名前や手術の有無・手術名などの治療内容
4. 現在の状況
5. 最終通院日
6. 医療機関名

［解　説］

●疾病概念・原因

　乳腺症（mastopathy）は、fibrocystic disease、mammary dysplasia などとも称され、近年では ANDI（aberrations of normal development and involution）という概念も提唱されています。乳腺症は、成熟期女性が最も多く遭遇する良性乳腺疾患です。

　乳腺症は、乳腺の変化や状態に対して総括的につけられた病名で、性ホルモンの働きと、その影響によって乳腺に生じる生理的変化に密接な関連を有しています。卵巣で作られる２つのホルモン（卵胞ホルモン［エストロゲン］と黄体ホルモン［プロゲステロン］）は、子宮や乳腺に作用し生理的変化をもたらします。

●乳房の仕組み●

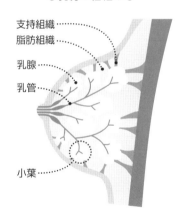

支持組織
脂肪組織
乳腺
乳管
小葉

　30 歳代後半から閉経期の女性に認められる、この女性ホルモンの不均衡による乳腺組織の発達の逸脱あるいは年齢的変化によって引き起こされる乳腺の退行性変化の総称を乳腺症といいます。現在は、乳腺症は乳腺組織の「発育および退縮の正常からの逸脱」と一般的に考えられています。顔のしわと同じような加齢現象の一つと考えれば分かりやすいでしょう。

その原因は卵胞ホルモンと黄体ホルモンとのバランス異常（特に卵胞ホルモンの過剰）とされています。

●疫学・症状・経過

　性周期や妊娠・授乳に伴う変化は、毎回乳腺全体に均一に起こるわけではなく、また、完全に元に戻るとは限りません。部分的に強く変化が起きる、あるいは元に戻りきらない個所ができるなど、部位によって異なった反応が起きることがあります。

　毎月の変化が積み重なっていくうちに、乳腺の中にさまざまな病変を残してしまう場合があります。こうした変化は、時には乳房に痛み（疼痛）を感じたり、しこり（乳腺硬結）のように触れたり、乳頭からの分泌物（血性乳頭分泌）として出現します。臨床的には、片側または両側性に境界不明瞭な有痛性腫瘤・硬結として触知されることが多いようです。

●検査・診断

　乳腺症のこれらの症状は、乳がんにも見られる症状のため、各種の検査によって乳がんや線維腺腫などの疾患を除外して、なおかつ正常乳腺とは異なる所見を認める場合に乳腺症の診断をします。つまり、乳腺症の診断は除外診断（消去法）であって、乳がんの診断手順をそのまま行います。

　問診、視診、触診などを行って、がんの疑いのある所見が少しでもあれば、さらにマンモグラフィ検査、超音波検査などを行います。この時点でかなり診断が絞られるため、細胞検査を行うまでもなく、がんの可能性がほとんどないと判断した場合は、乳腺症と診断することになります。

　それでもなお心配が残るときは、細胞診（穿刺吸引細胞診）や組織診

を行って診断を確定します。ここまで行わないと区別がつかないほど、がんと紛らわしい乳腺症も存在します。

●治療・予後

　乳腺症と診断されれば、原則として経過観察となります。多くの場合、治療の必要はありません。痛みなどは、がんではないと説明を受けただけで気にならなくなる人も多いようです。痛みが強い場合は、乳腺に作用するホルモンをブロックする薬剤を使用します。

　その他の良性乳腺疾患である乳腺線維腺腫、葉状腫瘍（はじょうしゅよう）、乳管内乳頭腫（にゅうかんないにゅうとうしゅ）について次に説明します。

＜乳腺線維腺腫＞
●疾病概念・原因

　乳腺線維腺腫（fibroadenoma）とは、成熟期女性の乳房に発生する良性乳腺腫瘍です。自己触診で乳腺に弾力のあるしこりとして触れます。主に思春期から30歳代の女性に見られます。

　閉経後には線維腺腫の頻度が少ないことから、エストロゲンの影響が示唆されています。女性ホルモン環境の変化により、線維腺腫の好発年齢の高齢化が指摘されています。また、閉経前後のホルモン補充療法を受けている患者に、本疾患の頻度が高いとの報告もあります。

　乳管上皮成分（腺組織）と間質成分（線維成分）の両方の増生からなる良性腫瘍です。乳房の全良性腫瘍の56％を占めます。

●検査・診断

　乳房の触診により、しこりとして見つかります。限局性、表面平滑、境界明瞭な乳房腫瘤です。一般に無痛性、孤立性ですが、ときに有痛性、多発性のこともあります。

マンモグラフィ検査で、境界明瞭な均一の密度（density）を呈する腫瘤陰影として描出されます。若年者の高密度乳房では描出不能のことがあります。また、超音波検査で境界明瞭、内部エコーは繊細均一、後方エコーは軽度増強または不変です。

●治療・予後

　線維腺腫は良性疾患であり、急速増大を見ない場合には経過観察をします。急速増大する線維腺腫は手術適応です。切除術後の再発例は少なく予後は良好です。若い女性に発生する線維腺腫の中で著しく大きな腫瘤となるものを、巨大線維腺腫（giant fibroadenoma）と呼びます。若年性線維腺腫、細胞性線維腺腫ともいいます。

＜葉状腫瘍＞

●疾病概念・原因

　葉状腫瘍（phyllodes tumor）は、嚢胞腔に突出する葉状構造を示す腫瘍で、間質増殖と良性上皮要素から構成されます。10歳から70歳の女性に見られますが、好発年齢は線維腺腫と乳がんとの中間的年齢層である40歳代が最多です。悪性葉状腫瘍は、乳がんを含む全乳腺悪性腫瘍の0.5％弱と比較的稀な疾患です。

●検査・診断

　葉状腫瘍の病理組織学的所見は、線維腺腫と類似します。上皮性成分に比較して、非上皮性線維性間質成分の増殖が強いことから、葉状の形態を示します。非上皮性成分に悪性化を示すものがあり、良性葉状腫瘍、境界悪性葉状腫瘍と悪性葉状腫瘍に分類されます。悪性葉状腫瘍は乳房に生じた肉腫であり、特に骨軟骨化生を起こしたものは予後不良です。死亡症例の特徴的な所見は脂肪織浸潤です。

●治療・予後

　臨床症状としては、乳房のしこりとして触診されます。比較的大きなものが多く、多発を認めるものが多いですが、単発性もあります。小さめの腫瘤では線維腺腫様となります。

＜乳管内乳頭腫＞

●疾病概念・原因

　乳管内に発生する乳頭状の良性腫瘍で、血管結合組織を軸とした上皮細胞と筋上皮細胞の増殖です。乳管内乳頭腫は、中枢性乳管内乳頭腫は孤立性乳管内乳頭腫、末梢性乳管内乳頭腫は乳管内乳頭腫症と呼ばれます。33 〜 55 歳の女性に多く見られ、2 〜 3 ％の女性が乳管内乳頭腫を発症するといわれています。

●検査・診断

　しかし、乳管内乳頭腫と乳頭状型の非浸潤性乳がんとの鑑別診断は非常に難しいので、針生検で乳管内乳頭腫とされても、画像診断で非浸潤性乳管がんが疑われる場合には、切開しての生検により診断を確定する必要があります。
　乳頭腫が異型性（異型乳管上皮増殖症[*2]）の場合、また、乳頭腫が複数ある場合には、乳がんリスクがあると考えられています。血性乳頭分泌を来す患者のうち 56.6 ％が乳管内乳頭腫ですが、33.2 ％は乳がんと診断されます。

●治療・予後

　乳管内乳頭腫の治療は乳管の切除になります。術後の病理組織学的所見により、生命保険加入の可否が変わります。

┌─■乳腺症・用語解説■────────────────────┐

＊１：穿刺吸引細胞診（せんしきゅういんさいぼうしん）

　穿刺吸引細胞診（fine-needle aspiration cytology；FNA）とは、病変に細い針を刺し、細胞を吸引して、採取された細胞を顕微鏡下でその良性悪性を判断する検査です。

＊２：異型乳管上皮増殖症（いけいにゅうかんじょうひぞうしょくしょう）

　乳腺の異型乳管増殖症とは、細胞異型と構造異型を伴うが、生物学的な性質を表現するのが困難な病変をいいます。乳腺の針生検（core needle biopsy；CNB）の増加に伴い、病理組織診断として異型乳管上皮増殖症の診断が増えています。これより異型度がさらに強くなったものが乳管内乳頭腫です。

└──────────────────────────────┘

㉓乳房の石灰化
＝明らかな良性石灰化であれば生保の加入に問題は生じない

Q 40歳の女性です。乳がんのマンモグラフィ検査で、「乳房の石灰化」が指摘されました。生命保険や医療保険、がん保険に加入できるでしょうか。

A マンモグラフィ検査（MMG）で乳房の石灰化があったようですが、乳がん検診を受けたときの理由が大事です。自己検診で乳房にしこりがあって受診したのと、何も自覚はないもののマンモグラフィ検査を受けたのかによって評価が変わります。

触診により乳房の腫瘤が確認されている場合は、良性としても少なくとも2年間の経過観察が行われるため、この期間には生命保険と医療保険とも特別条件付となる可能性が高いでしょう。

単にマンモグラフィ検査を受けただけの場合には、その所見により引受の可否が変わります。明らかな良性石灰化であれば問題ないと考えられます。皮膚、血管や線維腺腫に石灰化が起こることがあります。また、一般にマンモグラフィ検査のカテゴリー分類がカテゴリー1またはカテゴリー2であれば保険の無条件加入も可能と思います。

[告知のポイント]

1. あれば正式診断名
2. マンモグラフィ検査受診の動機
3. 所見（腫瘤、石灰化、その他の所見）

4．カテゴリー分類

5．今後の治療方針

6．医療機関名

[解　説]

●検査・診断

　50 歳以上に対してマンモグラフィ検査は勧められます。40 歳代のマンモグラフィ検査については議論のあるところですが、わが国では 40 歳代後半に乳がん罹患率のピークがあるため、40 歳代のマンモグラフィ検査の相対的有用性は高いと考えられています。マンモグラフィ検査の判定結果は、次表のカテゴリー分類によって評価されます。

●マンモグラフィガイドラインのカテゴリー分類●

分　類	意　味
カテゴリー1	異常なし
カテゴリー2	良性
カテゴリー3	良性、しかし悪性を否定できず
カテゴリー4	悪性の疑い
カテゴリー5	悪性

　カテゴリー1は、異常所見のないマンモグラムで、乳房は左右対称、腫瘤、構築の乱れ、悪性を疑う石灰化所見も存在しないことを意味します。血管の石灰化、正常大の腋窩リンパ節、他の異常所見がない高濃度乳房もこのカテゴリーに分類されます。

　高濃度乳房とは、乳房内の脂肪部分が 10 ～ 20％と少ない状態をいい、病変の検出率はきわめて低く、マンモグラフィ検査単独による判定の信頼性も低くなります。乳房は、乳汁を産生分泌する組織である乳腺組織と、この乳腺組織を支える脂肪組織とから構成されます。

●乳房石灰化の種類●

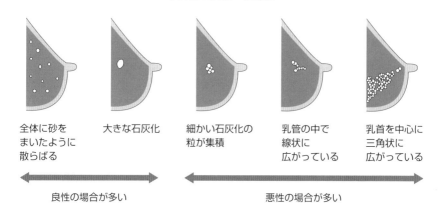

| 全体に砂を
まいたように
散らばる | 大きな石灰化 | 細かい石灰化の
粒が集積 | 乳管の中で
線状に
広がっている | 乳首を中心に
三角状に
広がっている |

良性の場合が多い　　　　悪性の場合が多い

　したがって、乳房の脂肪が多いほど全体に黒っぽく透けて写り、乳腺組織が多いほど全体に白っぽく塊のように乳房が写ります。つまり乳腺組織が多い高濃度乳房はマンモグラフィ検査に向いていません。したがって"高濃度乳房の方はがんが発見されにくい"のです。

　カテゴリー2は、明らかに良性と診断できる所見があるマンモグラムで、退縮、石灰化した線維腺腫、乳管拡張症による多発石灰化、オイルシスト、脂肪腫、乳瘤のような脂肪含有病変などがこのカテゴリーに分類されます。つまり、所見はあるが良性と考えられるものです。

　カテゴリー3は、境界明瞭、嚢胞や線維腺腫などの平滑な病変、良悪性の判定困難な微細石灰化などが含まれます。

　なお、カテゴリー3から5については、追加検査や精密検査が指示されます。

　さて、マンモグラフィ検査における乳房の石灰化には、明らかな良性石灰化と診断できるものがあります。良性の石灰化は、悪性疾患に伴う石灰化より大きいです。多くは粗大で、しばしば平滑な辺縁をもった円形を呈し、観察がしやすいという特徴があります。明らかな良性石灰化には、皮膚の石灰化、血管の石灰化、線維腺腫の石灰化、乳管拡張症に

伴う石灰化、円形石灰化、中心透亮性石灰化^{*1}、石灰乳石灰化などがあります。これらはカテゴリー1と2に分類されます。

　乳房の微細石灰化には、良性・悪性の判定が困難なものがあり、カテゴリー3に分類されます。

　乳房の腫瘤は、良性・悪性の鑑別を行う必要があるため、マンモグラフィ検査ではその腫瘤の形状、辺縁、濃度で分析が行われます。乳がんは、周囲乳腺組織と比べて通常、等濃度または高濃度ですから、より白く写ります。

　腫瘤の形状では、辺縁を考慮しないで中心部腫瘤のみで全体の印象から形状分類をします。腫瘤の形状は、円形、楕円形、多角形、分葉形、不整形に分類されます。腫瘤の境界と辺縁はその腫瘤の成長形式を表します。

　一般に境界明瞭なものは、圧排性、膨張性の発育を意味します。微細分葉状、微細鋸歯状、境界不明瞭な腫瘤は、その腫瘤周囲に浸潤傾向が出てきた状態を意味します。特にスピキュラを伴うものは腫瘤周囲に明瞭な浸潤傾向がある腫瘤であり、悪性の可能性が高いです。

　したがって、MMGでカテゴリー分類3以上または腫瘤性病変が確認された場合には、しばらくは生命保険、医療保険とがん保険への加入は困難と思われます。

　　　■乳房の石灰化・用語解説■

*1：中心透亮性石灰化（ちゅうしんとうりょうせいせっかいか）
　マンモグラフィ検査での良性石灰化所見の1つで、中心透亮性石灰化はやや大きめの石灰化で内部が透けているものをいいます。多くは1mm以上の径を有し、円形または卵円形。脂肪変性による油性嚢腫（oil cyst）と考えられています。

㉔子宮がん検診
＝生保は削減条件付き、医療保険は部位不担保、がん保険は引受不可

Q 35歳の女性です。「子宮がん検診」を受けたら、細胞診の結果がクラスⅢaと判定されました。生命保険と医療保険に加入できますか。

A 子宮がんには、子宮頸がんと子宮体がんの2種類があります。通常、集団検診などで実施される子宮がん検診は、子宮頸がん検診をいいます。子宮頸部の細胞を綿棒やブラシなどの器具で採取し、異常細胞の有無を調べることを子宮頸部細胞診[*1]といいます。

この子宮頸部細胞診によるスクリーニング検査の結果が、クラスⅢaの判定だったということは、悪性を疑う細胞があったことを意味します。したがって、医療保険とがん保険については加入が難しくなります。

医療保険は子宮の部位不担保、がん保険は引受不可となる可能性があります。生命保険については、削減条件が付くかもしれません。おそらく、HPV検査やコルポ診などの検査も含めて1〜2年間の経過観察が行われますが、その間の細胞診がクラスⅠまたはⅡが続くようであれば、無条件での保険加入の可能性もあります。

近年、子宮頸部細胞診結果報告様式は、ベセスダシステムに基づいて報告されるようになりました。クラスⅠとⅡ、ベセスダシステムでNILMであれば、保険加入に問題ないと思います。

［告知のポイント］

1. 子宮頸がん検診の結果
2. 医師からのその後の指示（3ヵ月後、6ヵ月後、12ヵ月後再検査）
3. ヒトパピローマウイルスの有無（陽性、陰性）
4. その他の検査結果
5. 手術の有無と術式
6. 術後病理組織診断
7. 医療機関名

［解　説］

●検査・診断

　子宮がん検診とは、一般に子宮頸部細胞診によるスクリーニング検査をいいます。子宮頸がん細胞は、その原因となるヒトパピローマウイルス（Human papilloma virus；HPV）に感染後5～10年以上経過して増殖するといわれています。そのため、20歳以上の女性では、2年に1回は子宮がん検診を受けることが勧奨されています。

●子宮頸部細胞診（従来法および液状検体法）●

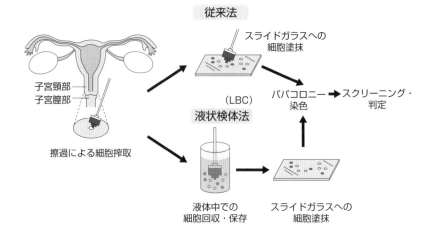

●細胞診分類（日母分類）●

クラス	解 説
Class I	正常
Class II	異常細胞を認めるが正常
Class IIIa	悪性を疑う。軽度・中等度異形成を想定。5％程度にがんが検出される
Class IIIb	悪性をかなり疑う。高度異形成を想定。50％程度にがんが検出される
Class IV	きわめて強く悪性を疑う。上皮内がんを想定
Class V	悪性である。浸潤がんを想定

●子宮頸部細胞診結果報告様式（ベセスダシステム 2001）●

結　果		推定される病理診断	従来のクラス分類	運　用
陰性（−）	NILM	非腫瘍性所見、炎症	I、II	1〜2年後に定期検診
明確に判定できない（±）	ASC−US	軽度扁平上皮内病変疑い	II - IIIa	要精密検査 ① HPV 検査による判定が望ましい（保険適用） 　陰性：1年後に細胞診、HPV 併用検査 　陽性：コルポ診、生検 ② HPV 検査非施行 　6ヵ月以内細胞診
陽性（＋）	ASC−H	高度扁平上皮内病変疑い	IIIa、IIIb	要精密検査：コルポ診、生検
	LSIL	HPV 感染軽度異形成	IIa	
	HSIL	中等度異形成	IIIa	
		高度異形成	IIIb	
		上皮内がん	IV	
	SCC	扁平上皮がん	V	

日本母性保護産婦人科医会の細胞診分類（日母分類）は、前々頁のとおりです。

　以前までは日母分類（クラス分類）で表記されていましたが、2008年6月に日本産婦人科医会で「ベセスダシステム2001」という新報告様式が承認導入され、子宮頸部細胞診結果報告様式は、前頁の表のように表記することになっています。

　明確に判定できない ASC-US については、判定が保留されたことと同じで、HPV 検査の追加検査と6ヵ月以内の細胞診の結果が判明するまでは、保険加入は困難となります。

　子宮頸癌取扱規約によると、子宮頸部異形成等[*2] については次表のとおり分類されます。病理組織学的診断により、子宮頸部重層扁平上皮内で占める異型細胞の割合により、軽度異形成、中等度異形成と高度異形成に分けられます。子宮頸部異形成は、子宮頸がんの前段階（前がん病変）で、子宮頸部上皮内腫瘍とも呼ばれます。

●子宮頸癌取扱規約による分類●

子宮頸癌取扱規約	内　容
軽度異形成	異形成が上皮の 1/3 以下のもの
中等度異形成	異形成が上皮の 2/3 以下のもの
高度異形成	異形成が上皮の 2/3 を超えているもの
上皮内がん	がん細胞が上皮内に留まっているもの
（微小）浸潤扁平上皮がん	がん細胞が上皮の基底膜を超えて浸潤するもの

　ベセスダ分類では、中等度異形成、高度異形成と上皮内がんをまとめて HSIL（high grade squamous intraepithelial lesion）と分類しています。これは高度の異常が推定される扁平上皮内病変を意味します。一方、軽度異形成は LSIL（low grade squamous intraepithelial lesion）に該当し、軽度の異常が推定される扁平上皮内病変です。

＜子宮頸がん＞

●疾患概念・原因

　子宮は、西洋梨の形をした中空の臓器で、体部は胎児が育つ環境となります。体部から下方に続く部分は細長くなり、先は膣へ突出しています。この部分が子宮頸部で、外子宮口が膣へと開口しています。子宮頸部の粘膜上皮から発生するがんが、子宮頸がんです。

　子宮頸がんの発生にはヒトパピローマウイルス（human papillomavirus；HPV）の感染が関与しています。HPV は性行為で感染するウイルスで、子宮頸がん患者の 90％以上から HPV が検出されます。

●疫学・症状

　子宮頸がんは、子宮がん全体の約 7 割を占め、30 歳代後半が好発年齢となっています。日本では、毎年約 10,000 人が罹患し、3,000 人が死亡すると報告されています。近年、患者数が増加傾向にあります。

　子宮頸がんは、HPV の持続感染から前がん状態（異形成）を経てがん化することが知られています。この異形成の状態にある細胞を見つけるためにスクリーニング検査として子宮頸部細胞診が実施されています。

　初期の子宮頸がんは全く症状がありません。非月経時や性交時の出血、帯下の増加、月経血の増加がある場合は、早期の産婦人科受診が推奨されます。

●検査・診断

　子宮頸がん検診後の精密検査として、組織診、コルポ診を行います。その他、がんの広がりを見るために、内診、直腸診、超音波検査、CT 検査、MRI 検査などを行います。がんが疑われる部分の生検による組織診により、子宮頸がんが診断確定されます。

●治療・予後

　子宮頸がんの治療は、がんの病期によります。組織診で、中等度異形成、高度異形成と上皮内がんであれば、子宮頸部円錐切除術や単純子宮全摘術が実施されます。

■子宮がん検診・用語解説■

＊1：子宮頸部細胞診（しきゅうけいぶさいぼうしん）

　子宮頸部細胞診は、いわゆる子宮頸部がん検診のことで、ブラシやヘラで子宮頸部をこすって採取し、プレパラートに塗抹し、その細胞の状態を顕微鏡下で観察し、良性と悪性を判定する方法です。

＊2：子宮頸部異形成（しきゅうけいぶいけいせい）

　子宮頸部異形成とは、子宮頸部の細胞や細胞の配列が乱れた病変をいいます。組織診により、子宮頸部異形成は、軽度、中等度と高度異形成に分類されます。特に子宮頸部高度異形成は、子宮頸がんの前がん病変（上皮内がん）とみなされています。

㉕関節リウマチ
<ruby>関<rt>かん</rt></ruby><ruby>節<rt>せつ</rt></ruby>

＝軽症なら生保は特別保険料での加入、医療保険は引受不可

> **Q** 50歳の女性です。2年前に「関節リウマチ」と診断され、メトトレキサートを服用しています。手指の関節の痛みがありますが、変形はありません。生命保険に加入できるでしょうか。

> **A** 一般的に、関節リウマチ患者の生命予後は一般母集団より良くありません。悪性新生物、間質性肺炎、脳血管障害、心筋梗塞、感染症などが関節リウマチ患者の主な死因です。よって関節リウマチの症状が軽症であれば、生命保険は特別保険料での加入が検討できます。医療保険については引受が困難でしょう。

[告知のポイント]

1. 正式病名
2. 診療期間（診断時期）
3. 入院・手術の有無
4. 関節炎のある部位と変形の有無
5. 直近の検査結果（RF、抗CCP抗体、CRP、血沈、RBC、Hb）
6. 服用薬剤名（アスピリン、経口ステロイド剤、免疫抑制剤など）
7. 今後の治療予定
8. 医療機関名

[解　説]

●疾患概念・原因

関節リウマチ（Rheumatoid Arthritis；RA）とは、身体のあちこちの関節に炎症が起こり、関節が腫れて痛む多発性の関節炎です。主な病変は関節の滑膜に現れます。その他、胸膜炎、皮膚の下に充実性の関節隆起を起こした皮下結節、血管炎など全身の結合組織に病変を来すことがあります。関節リウマチは、膠原病の中で圧倒的に多い疾患です。

●正常な関節と関節リウマチ●

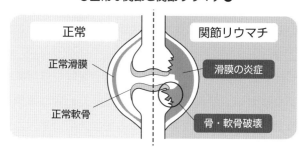

●全身の関節●

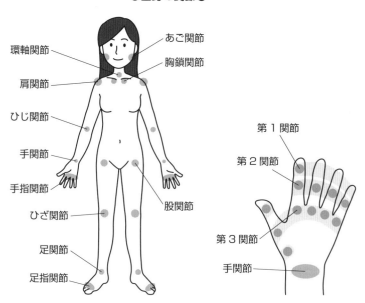

158

●疫学・症状・経過

　関節リウマチは、30 ～ 50 歳代の女性に好発し、男女比は１：３～１：４と女性に多いです。１日１時間以上で６週間以上続く指・膝・肘関節の対称性腫脹・疼痛が特徴で、朝起きたときに手足がこわばります。リウマトイド結節と呼ばれる皮下結節ができます。また全身症状として、易疲労感、微熱、体重減少、食思不振があります。

●検査・診断

　血液検査にて血沈上昇、急性炎症時や組織の壊死などの炎症反応である CRP(＋)、ヒト IgG の Fc 部分と反応する自己抗体のリウマトイド因子(RF)(＋)が見られます。血沈（赤血球沈降速度）とはガラス管の中で赤血球の沈降を測定するもので、血漿タンパクの異常により変化します。特に炎症で上昇します。

　関節液の所見では、関節液の混濁、蛋白量の上昇、粘稠性の低下、好中球の上昇や IgG- リウマトイド複合体（IgG-RF）(＋)、補体価の低下が見られます。補体とは血清内に存在して免疫反応・感染・防御などに関与するたんぱく質の総称です。自己免疫性疾患では補体が消費されるため、補体値は低値を示します。

　関節の X 線検査で、骨びらん・骨破壊や関節変形などが見られるときに、関節リウマチを疑います。確定診断のため、滑膜および皮下結節の生検を行うことがあります。

●治療・予後

　日本リウマチ学会編「関節リウマチ診療ガイドライン 2014」によると、発症３ヵ月以内の早期から積極的に抗リウマチ薬を使用するようになっています。さらに現在の抗リウマチ薬はメトトレキサート（商品名リウマトレックス、メトレート）を第一選択にします。

基礎療法、薬物療法、リハビリテーションが、関節リウマチの基本的な治療方法です。基礎治療とは十分な休養、局所の適度の安静と運動、温熱を行います。薬物療法は効果発現時期より、１～２週間以内に効果が期待できる抗炎症療法と１～３ヵ月かかる抗リウマチ療法があります。

　抗炎症療法は、NSAIDs（非ステロイド系抗炎症薬）によりプロスタグランジン（痛みの元）合成を阻害します。適応のある場合に限り、少量投与法でステロイドを投与する場合があります。これは悪性関節リウマチや急速進行型 RA などが適応となります。

　抗リウマチ療法は、金製剤、D-ペニシラミン、サラゾスルファピリジン（サラゾピリンやアザルフィジン）、免疫抑制薬（メトトレキサート、ミゾリピン、アザチオプリン、シクロホスファミド）を服用します。また、生物学的製剤の抗 TNFα抗体（インフリキシマブ）を使用することもあります。その他、整形外科的治療として滑膜切除術、関節固定術、人工関節置換術、関節腔内へのステロイド注入や血漿交換療法などを行います。

㉖全身性エリテマトーデス
＝症状が軽く安定していなければ生保、医療保険の加入は困難

Q 35歳女性です。現在「全身性エリテマトーデス」の治療中です。医療保険と生命保険に加入できるでしょうか。

A 全身性エリテマトーデスは、全身性の炎症性病変を特徴とする自己免疫疾患で、膠原病の一つです。皮膚を始めとして、関節、腎臓、中枢神経、心臓などの臓器に障害を起こします。皮膚病変としては顔面の蝶形紅斑が有名です。

　したがって症状が皮膚と関節に限られ、発熱なし、体重減少なしで経過が安定しているなら、生命保険は中等度の保険料割増で加入できるかもしれません。医療保険の加入は困難です。一般的には生命保険の加入は困難です。

[告知のポイント]
1．正式病名
2．発病時期と症状
3．腎機能障害の有無
4．中枢神経症状の有無（けいれん、精神障害）
5．服用薬剤名（抗炎症剤、ステロイド剤、免疫抑制剤）
6．医療機関名

[解　説]
●疾患概念・原因

全身性エリテマトーデス（systemic lupus erythematosus；SLE）
は、遺伝的要因を背景にウイルス感染などが誘因となって、抗核抗体な
どの自己免疫抗体を産生することによって起こる、多臓器障害性の慢性
炎症性疾患です。抗核抗体とは、細胞の核内に含まれる多種の抗原物質
に対する抗体群の総称です。

　SLEは膠原病の一つですが、最も著しく多彩な臓器病変を呈します。
多種類の自己抗体が血液中に検出され、女性に多く男女比は１：10で
す。好発年齢は 20 〜 40 歳です。

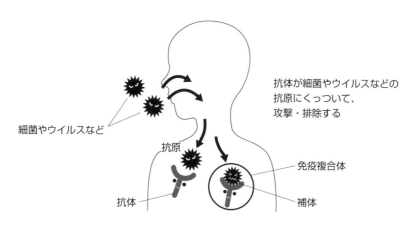

●全身性エリテマトーデス発症の仕組み●

●疫学・症状・経過

　20 〜 40 歳の特に妊娠可能年齢の女性で、発熱・易疲労感・体重減
少などを来し、多彩な臓器病変を呈します。その症状として次のような
ものがあります。

　①皮膚・粘膜症状―顔面紅斑（蝶形紅斑：鼻の部分で細く連なってい
る両頬部の鱗屑性皮膚炎*1）、円板状皮疹*2、脱毛、光線過敏、口腔内
潰瘍など。紅斑などは日光暴露で憎悪します。皮膚生検では真皮表皮結
合部 IgG 沈着が認められます。

②関節症状—多発性関節炎・関節痛などが急性期によく見られますが、骨破壊を伴うことがないのが特徴です。

③腎症状—ループス腎炎（糸球体腎炎[*3]）は約半数の症例で出現します。

④精神・神経症状—けいれん、意識障害、幻覚、妄想、躁うつ状態などが出現します。このような中枢神経症状を呈する場合（CNSループス）は重症のケースです。

⑤心・肺症状—漿膜炎（胸膜炎、心膜炎）などが見られます。他に、間質性肺炎、肺胞出血、肺高血圧症は予後不良の病態として注意が必要です。

⑥その他症状—四肢末端に起こる血流障害により指先の蒼白などがおこるレイノー（Raynaud）現象、眼底の細動脈閉塞を意味する眼底の綿花状白斑や、（急性期に）リンパ節腫脹などが見られます。

●全身性エリテマトーデスの症状●

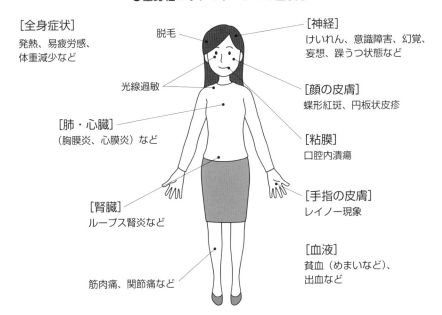

[全身症状]
発熱、易疲労感、
体重減少など

脱毛

光線過敏

[肺・心臓]
（胸膜炎、心膜炎）など

[腎臓]
ループス腎炎など

筋肉痛、関節痛など

[神経]
けいれん、意識障害、幻覚、
妄想、躁うつ状態など

[顔の皮膚]
蝶形紅斑、円板状皮疹

[粘膜]
口腔内潰瘍

[手指の皮膚]
レイノー現象

[血液]
貧血（めまいなど）、
出血など

●検査・診断

　血液検査にて、WBC、RBC、血小板ともに減少し、血清補体価も低下、抗核抗体（＋）特に抗 ds-DNA（ds ＝ 2 本鎖）、抗 Sm 抗体が見られます。尿沈渣においても RBC、WBC、各種の円柱などが見られ、かつ尿蛋白が見られるとき、全身性エリテマトーデスと診断します。以下に、SLE の診断基準を示します。

SLE の診断基準（1997 年改訂基準 米国リウマチ協会）

1．顔面（頬部）紅斑

2．円板状皮疹（ディスコイド疹）

3．光線過敏症

4．口腔潰瘍（無痛性で口腔あるいは鼻咽喉に出現）

5．非びらん性関節炎（2 関節以上）

6．漿膜炎

　　a）胸膜炎、または、b）心膜炎

7．腎障害

　　a）0.5g/ 日以上または ＋＋＋ 以上の持続性蛋白尿、または、b）細胞性円柱

8．神経障害

　　a）けいれん、または、b）精神障害

9．血液異常

　　a）溶血性貧血、b）白血球減少症（<4000/μl）

　　c）リンパ球減少症（<1500/μl）、または、d）血小板減少症（<100,000/μl）

10．免疫異常

　　a）抗二本鎖 DNA 抗体陽性[*4]、b）抗 Sm 抗体陽性[*5]、または、c）抗リン脂質抗体陽性[*6]

1）IgG または IgM 抗カルジオリピン抗体の異常値

2）ループス抗凝固因子陽性

3）梅毒血清反応生物学的偽陽性、のいずれかによる

11. 抗核抗体陽性

上記項目4項目以上を満たす場合に、全身性エリテマトーデスと診断する。

● **治療・予後**

安静・憎悪因子の排除・薬物療法を行います。

発熱・関節痛・筋肉痛が主な症状で、明らかに内臓障害がない場合、アスピリンやインドメタシンなどの非ステロイド系抗炎症薬（NSAIDs）を使用します。非ステロイド系抗炎症薬が効かない場合はステロイドを使用しますが、軽症例には使用しません。ステロイド抵抗性の難治例や、糖尿病や胃潰瘍があり、ステロイドの大量投与ができない場合には、アザチオプリンやシクロホスファミドなどの免疫抑制剤の投与や、血漿交換療法を行います。

予後は寛解と憎悪を繰り返し、慢性の経過を辿ることが多いです。予後を左右する病態としては、ループス腎炎、抗リン脂質抗体症候群、間質性肺炎、肺胞出血、肺高血圧症などが挙げられますが、近年、日和見感染による感染死が死因の第1位になっています。

─■**全身性エリテマトーデス・用語解説**─

＊1：鱗屑性皮膚炎（りんせつせいひふえん）

鱗屑とは、表皮の最表層にある角質層が増加し、剝がれて落ちる病態のことです。鱗屑性皮膚炎は、この病態を呈する皮膚炎です。

＊2：円板状皮疹（えんばんじょうひしん）

全身性エリテマトーデス（SLE）患者にも見られる皮疹の1つで、滲出傾向、小型円板状紅斑、頸部より下にも存在、他の皮疹との併存などの特徴があります。

＊3：糸球体腎炎（しきゅうたいじんえん）

糸球体腎炎とは、腎臓の糸球体の炎症により蛋白尿や血尿が出る病気の総称です。慢性糸球体腎炎（慢性腎不全）は、蛋白尿や血尿が少なくとも1年間以上持続する病態をいいます。腎生検で病理組織診断をして治療方針を決定する必要があります。

＊4：抗二本鎖 DNA 抗体陽性（こうにほんさでぃーえぬえいこうたいようせい）

抗二本鎖 DNA 抗体は、全身性エリテマトーデス（SLE）患者血清中に見いだされた抗核抗体群の1つで、SLE 活動期に出現することから、疾患活動性を反映します。

＊5：抗 Sm 抗体陽性（こうえすえむこうたいようせい）

抗 Sm 抗体（anti-Sm antibody）は、全身性エリテマトーデス（SLE）患者血清中に見いだされた抗核抗体群の1つで、SLE に特異的な抗体です。抗 Sm 抗体陽性の SLE は低補体血症のことが多い。また遅発性腎症を発症することも知られています。

＊6：抗リン脂質抗体陽性（こうりんししつこうたいようせい）

抗リン脂質抗体の本態は、カルジオリピンに結合して構造変化したβ2-グリコプロテインに対する抗体と考えられています。抗リン脂質抗体症候群（Anti-phosphlipid syndrome；APS）は、抗リン脂質抗体が凝固制御因子と結合することにより、凝固、血栓傾向を促進すると考えられています。特発性血小板減少性紫斑病、自己免疫性溶血性貧血、反復性血栓性静脈炎、心筋梗塞を含む冠動脈疾患、高安病、脳梗塞や一過性脳虚血発作、臓器梗塞、脳神経障害、習慣流産・死産などの症状を来し、全身性エリテマトーデスに合併する場合が多いようです。

●著者略歴●

牧野 安博

Yasuhiro Makino, M.D., MBA
株式会社ASSUME代表取締役

1960年生まれ。
国立浜松医科大学医学部を卒業後、1989年に日本生命保険相互会社へ入社。武蔵野支社、水戸支社、小山支社、春日部支社、高松支社、徳島支社の支社医長を歴任。
1998年同社契約審査部査定医長就任。
2004年に神戸大学大学院経営学研究科にてMBA取得。
2008年に株式会社査定コンサルティング取締役に就任。
2008年に株式会社ASSUMEを設立し代表取締役に就任、現在に至る。
なお、現在の他の職責は次のとおり。
健康オンライン株式会社代表取締役、医療法人社団慶実会理事長、株式会社査定コンサルティング取締役医長、ミリマンヘルスケア部門顧問医

一問一答　保険引受の可否と告知のポイント

2021年2月16日　初版発行

著　者――――――牧野 安博
発行者――――――楠 真一郎
発　行――――――株式会社近代セールス社
　　　　　　　　　〒165-0026　東京都中野区新井2-10-11 ヤシマ1804ビル4階
　　　　　　　　　電　話　03-6866-7586　ＦＡＸ　03-6866-7596
印刷・製本――――株式会社木元省美堂
デザイン―――――樋口たまみ

Ⓒ2021 Yasuhiro Makino

本書の一部あるいは全部を無断で複写・複製あるいは転載することは、法律で定められた場合を除き著作権の侵害になります。

ISBN978-4-7650-2201-9